『生きる』教育で変わる未来

学校を子どもたちの「心の安全基地」に

編著
朝日新聞編集委員　大久保真紀
京都大学大学院教育学研究科教授　西岡加名恵
大阪市立田島南小学校・田島中学校校長　今垣清彦
大阪市立南市岡小学校校長　木村幹彦

日本標準

はじめに――「『生きる』教育」を取材して

恥ずかしながら、「『生きる』教育」についてはほとんど何も知りませんでした。

その存在を知るきっかけは、2019年から朝日新聞で「子どもへの性暴力」という、被害者の体験や思いを中心に据えたシリーズを長期にわたって連載する中で、性暴力を防ぐには教育が必須だとの考えに至り、シリーズ最後の第11部で教育編を展開するべく、下調べをしたことでした。田島南小学校では1年生にプライベートゾーン（水着で隠れる大切な部分と口）を見せない、触らせない、人のも見ない、触らないというルールを教えていることが、私の入り口でした。

さらに調べると、「『生きる』教育」は、そうした性教育にとどまらず、虐待予防、キャリア教育という目標をかかげ、子どもたちが自分の心と体を大切にしつつ、人とつながる力、生きていくのに必要な力を養うことを目指して行われているということもわかりました。しかも、私が25年以上取材する子ども虐待や社会的養護の問題についてお世話になっている山梨県立大学特任教授の西澤哲さんや児童相談所の所長だった元・帝塚山大学教授の才村眞理さんがプログラムづくりに深く関わっていることも知りました。

さっそく日本標準が出版する『生野南小学校教育実践シリーズ』の第1巻を購入して手に

とってみましたが、教員ではない私には、いまいち、よく理解できませんでした。実際にどんな教育が行われているのか。この目で実際に確かめたくなりました。

趣旨と目的を説明して田島南小学校に取材を申し込むと、2023年秋の時間割を渡され、「自由に来てください」と言われました。なんと開かれた学校なのだと、感銘を受けました。

『『生きる』教育」は、2023年度は小学校で34時間ありました。1年生2時間、2年生4時間、3年生8時間、4年生8時間（2024年度には11時間）、5年生7時間、6年生5時間（2024年度は6時間）。一部を切り取って見るのではなく、これらの授業をできるだけ多くカバーしたいと考えました。仕事の都合をつけて来阪しましたが、ほかの仕事もあるため、綱渡りで教室に通いました。結局、計14日で、34時間中26時間（授業そのものはクラス違いの同じ授業もあるため29時間）を見ました。2024年度は前年度見られなかった小学校の1時間、田島中学校で5時間ある『『生きる』教育」のうちの4時間に入りました。

プログラムは子どもたちが身近に感じられるように吟味され、一方で、課題や困難を個人の問題としてではなく、社会問題としてとらえることで、子どもたちがアプローチしやすくしています。同時に、困ったときはSOSを出していいのだということが、各学年で一貫して伝えられていました。長年の記者活動を通して感じてきたのは、助けを求めることはとても勇気のいることで、それができずに苦しんでいる人たちが社会には多いということです。日本ではとかく、「人に迷惑をかけないこと」「自立すること」などに美徳があるとされてきましたが、そうした認識が若者や被害者、障害のある方々を苦しめてきた現実があります。脳性まひの当事者で小児科医でもある東京大学先端科学技術研究センター教授の熊谷晋一郎さんが「自立とは依存先を増やすこと」と言っていますが、「『生きる』教育」は、まさしくその「受援力」（困ったときに助けを求める力）を身につけることに重きを置き、熊谷さんの言う「自立」を目指しているものだと感じました。

授業では、子どもたちの反応には驚きやほほえましいことも多かったですが、時に少し切なくもなりました。この子は家で親から暴力を受けているのではないだろうか、あるいは、何かつらい思いをしているのかもしれないと、限られた期間しか通っていない私にも、子どもたちの置かれた環境が透けて見えてくるように感じることがありました。

先生方の熱意には驚かされました。一度授業の打ち合わせにも参加させてもらいましたが、どうすれば子どもたちに伝わるのかを、放課後に何時間も話し合っていました。「昨晩は、かなり遅かった」と翌日に笑顔で話す先生たちの熱意に頭が下がる思いでした。

しかし、悩みもありました。授業は見たり、参加したりするのは楽しいのですが、それをその場にいない人たちに、映像ではなく、文章で伝えるというのは至難の業です。その場の雰囲気といい、子どもたちの表情といい、授業の展開といい、この授業のおもしろさ、意義をどのようにすれば伝えることができるだろうかと、私はほとほと困り果てました。

それでも、この「『生きる』教育」を、多くの人に知ってもらいたい、これこそ日本の小学校の標準的な教育にすべきだとの思いをもったので、頭をひねり、うなりながら考えました。「書ける」と確信できたのは、14日にわたる取材の中の最終盤の12〜13日目でした。その結果、朝日新聞の教育面連載「いま　子どもたちは　『生きる』教育」（2023年11〜12月）となり、それが本書の執筆へとつながりました。

先生方がどのようなねらいや願いを胸に子どもたちと向き合っているのか。子どもたちはどんな様子で、先生や仲間と一緒に考え、議論しながら学んでいるのか。本書で記した具体的な授業の様子から、読者の方々には、「『生きる』教育」のエッセンスを感じとってもらえたら幸いです。

2025年2月

朝日新聞編集委員　大久保真紀

はじめに――「『生きる』教育」が果たす役割

旧生野南小学校で生まれた「『生きる』教育」は、2022年度から小学校の統合に伴い、小中一貫校として新しいステージに立つことになりました。

2011年度に産声を上げた「『生きる』教育」は、今では大阪市や国のモデルにもなり、多くの方に共感していただいていますが、目の前の荒れた子どもたちを何とかしたいという現場の教職員の必死の思いから生まれていることに大きな価値を感じています。

本校の「『生きる』教育」の一番の肝は、9年間の教育プログラムをブラッシュアップし続けていることです。考えられないスピードで加速度的に変化する社会をつかみ取り、目の前の子どもたちにどのような授業が一番効果的なのかをみなで考えています。同僚性の中で、子どもの姿を想像し、ああでもない、こうでもないと語り合いながら、一つの教材に誠実に向き合い、授業づくりをしています。その経験は、教職に就くものとして必要な資質を養う「学びの起爆剤」にもなっています。子どもの幸せのために一生懸命学び、働く教職員の姿は、あまりにも美しく尊敬の念を抱かざるを得ません。

そして、毎年、公開授業・研修会という形で、「学び」と「検証」を行い、次へのステップにしています。その「学び」と「検証」を支えているのが、こども家庭庁参与の辻由起子先生や山梨県立大学特任教授の西澤哲先生、京都大学教授の西岡加名恵先生をはじめとする数多くの有識者のみなさまです。改めて、感謝申し上げます。

「『生きる』教育」の内容における肝は、子どもたちにつけさせたい力を明確にしている点です。その力とは、「受援力」や「互いをエンパワメントする力」「レジリエンス」「ダイバーシティを尊重する力」といった新しい時代を生きていくうえで大事な力です。そして、その目的達成のために認知能力と非認知能力の双方がバランスよく育成される授業内容になっています。つまり、正しい知識をもとに、思考力・判断力・表現力が養われ、生きるうえで必要な力が身につくように考えられています。

社会の仕組みや価値観が変化する中、今ほど教育に対して変化を求められている時代はないのではないでしょうか。一人でも多くの子どもたちが、予測困難な時代に心豊かに力強く生きていってほしいとただ願うばかりです。本校の「『生きる』教育」がその願いの一助になれば、これ以上の喜びはありません。

2025年2月

大阪市立田島南小学校・田島中学校（田島南小中一貫校）校長　今垣清彦

「『生きる』教育」で変わる未来　学校を子どもたちの「心の安全基地」に　目次

第2章

「『生きる』教育」に取り組む　119

第3章

すべての子どもと大人に「『生きる』教育」を
――「グリ下」、少年院の若者たちへの実践で学んだこと

第4章

公教育における「『生きる』教育」の意義

第 1 章

ルポ「『生きる』教育」

朝日新聞編集委員　大久保真紀

1　幸せへの権利、守られている？【小学校3年】

（本文中のカタカナ名は仮名です）

「権利って何？」

大阪市立田島南小学校（以下、田島南小）の3年1組の教室で、別所美佐子先生が子どもたちに問いかけた。

すると、ケンは自席で手も挙げずに「おまえにはないと言われた」と声を上げ、エリは「アニメの中で聞いた」と言った。それに対して別所先生は「だれもが安心して生きていくことができる権利があります」と話し、さらに「同時に責任もあります」と付け加えた。

子どもの権利について学ぶ、最初の授業の、始まりだ。

田島南小では、「『生きる』教育」の一環として、3年生の授業で「子どもの権利」について教えている。小学校3年生といえば、8歳か9歳。権利を教えるのは難しいのではないかとの意見も多いと思うが、田島南小では、子どもたちが自分ごととして、自分の生活にも引きつける形で理解できるようにプログラムが組み立てられ、丁寧に教えられている。

「『生きる』教育」は、田島南小の前身である生野南小学校（2021年度末で閉校）で、子どもたちの「荒れ」を出発点として行われた教育の中で独自に開発され、2016年度から実践されているものだ。子どもの自己肯定感を育み、自分も他人も大切にする方法を学ぶことを目指し、1年生から6年生の各学年でプログラムが決まっている。2022年度から一貫校になった田島中学校（以下、田島中）の1~3年生のプログラムもあり、正確に言うと、1年生から9年生までのプログラムになっている。3年生は、8時間かけて子どもの権利条約について学ぶ。3年1組の授業に戻りたい。

別所先生が、子どもの権利条約ができたのは1989年で、日本が条約を批准したのは1994年、世界で158番目だと説明すると、ハルトがすぐに「めちゃくちゃ遅いやん！」と反応。さらに「どんな権利があると思う？」と問われると、子どもたちは「戦争がない」「安全に暮らす」「ごはんが食べられる」「幸せで平和」などと次々と発言していった。

ここで、別所先生は「子どもの権利条約ハンドブック」を配った。6ページからなる手作りの冊子だ。子どもの定義を定めた第1条から、39の権利が1つずつ書かれた第40条までがイラストとともにわかりやすく書かれてある。別所先生はその権利を1つ1つ順番に声を出して読み上げて説明し、「君たちを守ってくれる権利はこんなにあるよ」と話しかける。子どもたちはハンドブックをめくりながら、一生懸命、別所先生の言葉に耳を傾けた。ハンドブックはこれからの授業で、子どもたちのバイブルになるものだ。

別所先生が「メッチャいいなと思う権利は何？」と尋ねると、ケンタがハンドブックを見ながら「第6条、生きる権利・育つ権利」と口火を切った。続けて、マミが「第9条、親と一緒にいる権利」、シュンが「第19条、親から虐待されない権利」[1]（あらゆる暴力から守られる権利）などと発言していった。

学校には、近くにある児童養護施設「田島童園」から通う子どももいる。このクラスも例外ではない。児童養護施設は、虐待などの理由で親と一緒に暮らせない子どもたちが生活する場所だ。別所先生はさりげなく、親と一緒にいる権利（第9条）のところでは「子どもにとってよくないときは離れて暮らせます」、両親が育てる権利がある（第18条）のところでは「それができないときはほかの家族や家族以外の人で、一番子どものことを思っている人が育てます」と付け加えた。

次の授業では、班になり、友だちと相談しながら、子どもの権利条約で子どもがもつ基本的な4つの権利とされる「生きる権利」「育つ権利」「守られる権利」「参加する権利」に、ハンドブックに書かれた権利を分類する。第12条の自分の意見を言う権利はどこに入るのか、第24条の健康でいられる権利はどこに分類できるのか、子どもたちはハンドブックをめくりながら一生懸命考えた。

この後には、「世界の子どもたちに会いに行こう」を授業のめあてとした3時間目がある。

小舟に乗って学校に通う子ども、膝まで川につかって通学する子ども、ものすごい崖を登る子ども、水を入れた桶を頭に乗せて歩く少女、煉瓦を砕く少年……。写真で示される世界の子どもたちの様子に、3年生は驚きの声を上げたり、感心したり。子どもたちは、世界には自分たちとは違う環境で暮らすさまざまな子どもたちがいることを知る。さらに、児童労働や子ども兵士、難民キャンプに身を寄せる子ども、先住民や少数民族の子どもなどが紹介され、そうした子どもたちの姿から「権利」が必要なことを感じ取ってもらえるように、授業は組み立てられている。

大人と子ども、どっちがどっち？

別の日にあった4時間目の授業では、大人と子どもの違いを考えた。

「子どもだけにできることは何ですか？　間違えてもかまいません」。そう別所先生が呼びかけると、次々に手が挙がった。

「学校に行ける」「勉強」「公園に行ける」「お風呂一番乗り」「ゲームできる」「運動会」「仕事をしなくていい」「処刑されない」「おんぶしてもらえる」……。

「じゃあ、大人だけにできることは？」と問われ、「自由にできる」「仕事をする」「子どもを育てる」「怒る」「結婚できる」「お酒が飲める」「車の運転ができる」「夜更かしできる！」などさまざまな意見が出た。

別所先生は13枚のカードを各班に配り、それを班で話し合って「18歳以上の大人だけができること」「子どもしかできないこと」「どちらでもできること」の3種類に分けるように呼びかけた。カードは、「お子様ランチが食べられる！」「小学校で勉強ができる」「中学校でも勉強ができる」「選挙に参加できる」「ひどい罪を犯しても死刑にならない」「23時までゲームセンターで遊ぶことができる」「アルバイトをすることができる」など。子どもたちは、考えをめぐらせながらカードを分類していった。

分類し終わると、別所先生がそれぞれのカードについて、法律や条令を根拠にした正解を伝えていく。たとえば、お子様ランチの正解は「子どもでも大人でもいい」。理由を「小学生より小さい子どもたちにはおまけで『おもちゃ』がもらえることが多いけれど、大人は基本的に『おもちゃ』はもらえないが食べてもよい店が多い」と説明すると、「え〜、お子様ランチは大人も食べられるん?! 知らんかった」という声も上がった。ゲームセンターの正解は大人だけ。16歳未満の子どもは19時まで、16歳未満でもおうちの人と一緒なら、16歳以上18歳未満の子どもと同じ22時まで、というのが大阪府のルールだとの説明が加えられた。

授業の最後は、18歳になれば、どんなことができるのか――。車の免許がとれる。選挙にも行ける。毒物劇物取扱責任者の資格をとることができる。深夜アルバイトができる。ネットゲームでは自分で課金ができる。夜中にゲームセンターで遊ぶことができる。結婚ができる。死刑になることがある――。さまざまなことを、イラストを出しながら示した。

授業の感想を聞かれたサトシは「早く大人になりたい。お酒が飲めるから」と発言、メグは「18歳になったらいろんなことができるんだ」と言った。別所先生は「大人になると、いろんなことができるようになるけれど、責任もでてきて、義務も伴います」と話して、授業を終わらせた。

権利ランキング

ここまでで3年生の、子どもの権利についての学びは4時間。残りの4時間で、より深い学びにつなげていく。

5時間目は、「権利ランキング」を作る授業だ。

① 第2条：差別されない権利
② 第6条：生きる権利・育つ権利
③ 第7条：名前と国籍をもつ権利
④ 第9条：親と一緒にいる権利
⑤ 第12条：自分の意見を言う権利
⑥ 第19条：親から虐待されない権利
⑦ 第24条：健康でいられる権利
⑧ 第27条：人間らしい生活をする権利

⑨　第28条：教育を受ける権利
⑩　第31条：休み・遊ぶ権利

これらの10の権利について、まず自分にとって大切だと思う順番にプリントに書き、その横に、理由も書く。アイは1位に第6条の生きる権利・育つ権利を選び、「生きなきゃ意味ない」と理由を書き込んだ。10位には、第2条の差別されない権利を選んだ。その横に書かれた理由は「自分も差別しちゃうから」とあった。

一人ひとりが自分のランキングを作った後に、次は班の仲間と話し合い、班で1位と10位を決めるように別所先生が課題を出した。子どもたちは、しばらくほかの友だちと意見を交換しながら、結論を出した。

アイは3班を代表して、1位に第6条の生きる権利・育つ権利を選んだと発表、「生きないと後も先もないから」と理由を説明した。1班のカイトは、1位は第19条の親から虐待されない権利と第24条の健康でいられる権利だと発表した。「理由は？」と問われると、「痛い思いをするのは嫌だし、健康でいることは大切だから」と答えた。2班のメグは第9条の親と一緒にいる権利を選んだ。理由は「親と一緒にいた方が安心するから」。ほかの班も多くが第9条を挙げた。

別所先生はニコニコして「どれも大事な権利やね～」と言いながら、「親と一緒に暮らせなくても、親の代わりに守ってくれるところもあるからね」と伝えた。

この授業では、家で暴力を受けている子どもが第19条の親から虐待されない権利を1位に選んだり、児童養護施設の田島童園で生活する子どもが第9条の親と一緒にいる権利を選んだりすることも多い。授業が子どもたちの置かれた状況をあぶりだすこともある。そうした場合は個別に話を聞き、子どもに了解をとりながら、保護者と話し、担任やスクールカウンセラーにもつなげて情報を共有して子どもの気持ちを大切にしていくという。

別所先生によると、このランキングの授業では、1位はいつも、第6条の生きる権利・育つ権利と第9条の親と一緒にいる権利の争いになる。お隣の2組でも第6条と第9条が拮抗した。「生きる権利があって親が一緒にいる」「親がいたら楽しい」「親といられなくても命があった方がいい」「命がないと親と一緒に住めない」などと、子どもたちは口々に意見を言い合っていた。別所先生はそのやりとりを聞きながら、「いま一緒に住めなくても、心の中に大切な家族があることもあるよね」と引き取った。

別所先生は、田島童園にいる子どもたちの気持ちを考えながら、そして彼らへ向けられるほかの子どもたちの目線や認識が世間一般にある児童養護施設に対する偏見などに毒されてしまわないように、(児童養護)施設で生活する子どもたちは「親と暮らせなくても守られているのだ」ということを随所で、さりげなく伝えている。

「この授業をすると、田島童園は子どもが守られているところだ、という意識が芽生える」と別所先生は話す。教え子のミワは親に叱られて泣いていた妹に「童園に行ったら守ってくれるよ」と言ったそうだ。そのほか、授業を受けて、「自分は入れられたと思っていたけど、守られていたんだね」と漏らす田島童園の子どももいたという。虐待を受けるなどして保護され、児童養護施設で暮らす子どもたちの多くは、心に傷を負い、自己肯定感も低い。一方で、どんな親でも子どもは親を慕う気持ちがあり、とても複雑だ。田島南小の先生たちは、そうしたことも理解している。田島童園の子どもたちについては、後でも記したいと思う。

「子どもは幸せじゃないとアカン」

授業を重ね、子どもたちは学びを深めていく。どんな権利があるかを学んだ後は、「守られていない権利を見つける」授業も行われる。この授業は3年2組にお邪魔した。

子どもたちに、別所先生が1枚の写真を見せた。写真には、機械の前に座る少し色の黒い外国の少年が写っている。「この少年は何をしていると思う?」。その問いに、タケルはすぐさま「働いている!」と声を発した。後から、ヤマトも「布を編んでいる」と続けた。

写真で紹介された少年が置かれた状況を、別所先生が説明した。「バングラデシュの12歳。母と姉がいる。お金がなくて、小学校2年生で学校をやめ、朝から晩まで工場で働いている」。そのうえで、「守られていない権利を見つけて」と子どもたちに呼びかけた。

子どもたちは次々と手を挙げた。メイが「休み・遊ぶ権利」と言えば、リナは「(大人のために)働かされない権利」と言う。レイも「教育を受ける権利」と声を上げた。

次は、アフリカの6歳の女の子の写真が提示され、同様のやりとりを繰り返した。ちなみに、その子は家を壊され、父母と生き別れて近所の人と隣国に逃げたという女の子だ。子どもの権利に関する授業だが、さまざまな環境で生きる世界の子どもたちの状況がさりげなく織り込まれている。

権利について学ぶ3年生。別所先生の質問に勢いよく手が挙がった

「今度は日本です」と別所先生。自分たちの生活とは遠い海外の子どもたちから、子どもたちが自分ごととして考えられるような設定に近づけていく。

「だいすけさんはピンクのトレーナーがほしいけど、お母さんに『女の子みたいだからダメ』と言われました」と別所先生が説明すると、アキが「差別されない権利（が守られていない）」と声を上げた。「どこが？」と尋ねられ、「女の子みたいだからダメというところ」と付け加えた。「（自分の）意見を言う権利」という子、「親から虐待されない権利」を挙げた子もいた。別所先生は「言葉の暴力と思ったらそうやな～。本気でほしいのに、あんた女の子みたいだからダメというのは、ある意味あたるな～」と和やかに話した。

その後、自分の書いた手紙を友だちに勝手に読まれたケースや、1歳の妹の世話をしていて友だちと遊べない女の子のケースなどについても、どんな権利が守られていないかを話し合った。

別所先生は「(子どもの権利条約の)第3条には子どもの最高の幸せについて書かれていて、どの子にも関係する。子どもは幸せじゃないとアカンねん。子どもの権利が守られていないことは世界の子どもたちだけでなく、君たちの生活の中にも隠れています。自分の生活の中で、権利が守られていないんじゃないか、ということについて考えておいてください」と語りかけて授業を終えた。

おなやみ相談室

2日後、次の授業があった。この授業では、子どもたちが自分の悩みを手紙に書き、それを提出する「おなやみ相談室」だ。

「心の中で悩んでいることがたまるとしんどくなる。少しでも心が軽くなるように、先生は力になれたらと思っている。だれかに相談することは、めっちゃ勇気がいるけど、いいことやし、すごいこと。ひとりで悩んでいる必要はないから、しんどいことでだれかに話してもいいかなと思うことを書いてください」。そう別所先生は子どもたちに呼びかけた。

悩みを書く用紙には、先生だけへの相談か、それとも、ほかの人にも相談していいかにマルをつけるようになっている。「1年のころのことでもいい？」「きょうだいのことは？」「先生に相談してから、みんなに相談することはできる？」など、子どもたちからは質問が相次いだ。

一番に手紙を書き終えたのは、ヤマト。書き終えた手紙を丁寧に折って、厚紙でできた「おなやみ相談室」ポストに入れて、拝むように手を合わせた。それほど解決してほしい悩みなのかもしれない。その後は、自分の悩みを書き終えた子どもたちが次々に手紙をポストに提出していく中、教室の端っこで、だれにも見られないように下敷きや筆箱で壁を作って、必死に鉛筆を走らせていた女の子もいた。

「『生きる』教育」の最後の授業は、「おなやみ相談室」の1週間後だった。相談室に来た悩みについて考える授業だ。子どもたちから寄せられた悩みを組み合わせ、先生が架空の手紙を作って、子どもたちに提示した。

「私は8歳の女の子。友だちに内緒やから好きな人を教えてと言われて言ったら、ほかの友だちに大声で言われた。一緒に遊ぼうと言われたけど、保育園の弟妹の迎えがあるのでできません。まなより」

「僕は小3の男子。『あんたは女の子みたいな性格だから、もっと男の子らしくしなさい』とママに言われてサッカーを習い始めた。でも、本当は女の子と人形遊びをしたい。だけど、『小さいときはいいけど、大きくなったらアカン』と言われて入れてもらえなかった。サッカーをやめたいと言いたいけど言えません。だいすけより」
「私は9歳の女の子。お母さんはいつも仕事で遅くまで帰ってきません。最近、虫歯がひどくなってきたけど、お母さんの帰りが遅いので病院に連れて行ってもらえません。歯が痛くてごはんを食べるのが遅いと、『いつまで食べてんねん』と頭をたたかれることもあります。歯が痛いというと余計怒られそうで言えません。めぐみより」
「僕は8歳の男の子。仲良しのA君たちと4人で一緒におしゃべりしながら帰るのが楽しみでした。でもこの前からB君が『一緒に帰ろう』と来て、僕以外の子とだけ話して、僕は仲間外れみたいな気持ちになりました。B君に何か話そうとしても無視されたり、きつく言われたりします。学校は好きだけどB君に何か言われるのが怖くて3日学校を休んでいます。どうしたらいいでしょうか。りくとより」

いじめや虐待の要素が入った4人の悩みについて、班に分かれて、子どもたちはまず、何の権利が守られていないかを話し合った。それから、自分だったらどうするかのアドバイスを考える。相談を寄せた4人は架空だが、実在する友だちのように想像して、あるいは部分的には自分と重ねながら、子どもたちは問題を解決しようと頭をひねった。

3人目の「歯医者に行きたい」と母親に言えない女の子のケースでは、守られていないのは、「自分の意見を言う権利」「親から虐待されない権利」「親の責任」「健康でいられる権利」などの意見が次々と出た。「親と一緒にいる権利」という声には、「一緒に暮らしているから、そこまではいかんかな〜」と別所先生が応じた。

「じゃあ、アドバイスをしてあげてください」。そう求められると、子どもたちは知恵を絞って「お母さんに言う」「ほかの家族に言う」「おじいちゃんやおばあちゃんに言う」などと発言。最後に「勇気を出して友だちや先生に言う」という意見が出ると、「大事なことやな〜」と別所先生は応じた。残りの3人の相談についても、それぞれ発表した。

授業の最後に別所先生はこう呼びかけた。「権利が守られていないと気づいたら、だれかに相談してください」。そして、家族、友だち、先生、田島童園、交番、子ども110番の家、児童相談所など、相談先を具体的にスライドで示して読み上げ、「ひとりで悩まないでね」と強調した。

助けを求める力を育む——。それは、「『生きる』教育」の目標のひとつで、各学年の学びの中で、その願いを込めたメッセージがちりばめられている。

2 「『生きる』教育」とは

「『生きる』教育」は、どうして生まれたのか、その経過と概略を簡単に説明したい。

「『生きる』教育」は、大阪市立生野南小学校（以下、生野南小。2022年度に田島小学校と統合され、現在は田島南小学校）で開発された独自の教育プログラムだ。かつての生野南小は、暴言・暴力が多発し、「荒れ」ていた。本書第2章にも寄稿する生野南小最後の校長、木村幹彦さんによると、髪をつかんで壁に頭を打ち付ける、顔を膝蹴りにする、ガラスを割るなど、本当に激しい暴力や暴言が横行していたという。その「荒れ」の背後にあったトラウマや厳しい環境に対処するために考えられたのが、「『生きる』教育」だった。しかし、本書で紹介する「『生きる』教育」の授業を始めるまでには前段がある。

生野南小がまず手をつけたのは対人関係、特に暴力のトラブルだ。「泣き寝入り」と「けんか両成敗」を排除し的確な指導をすることを目指した。被害の訴えがなくても加害的な行為に介入して弱い立場の子どもを守り、執拗ないやがらせに我慢しきれずにやり返してしまった子どもを責めずに守った。

さらに、「デコピンしようは決闘罪」「かかってこいでも傷害罪」「わざとじゃなくても過失致傷罪」などと子どもたちにわかりやすく伝え、暴力類似行為を徹底的に指導した。手が出るのは、子どもが自分の思いや考えを言葉にできないからだとして、国語力の向上を目指す教育を2014年に始めた。暴力の背景にある気持ちや考えを、暴力ではなく「ことば」で表現できる子どもを育てる方針を立て、国語の授業に取り組んだ。

学校を挙げてのそうした取り組みは成果をあげ、少しずつ暴力は減り、3年ほどで学校は落ち着いた。しかし、それでも2～3割の子どもには自己肯定感の向上が見られなかった。そうした子どもたちの自己肯定感を育むにはどうすればいいのか。当時の木村校長はこれは難題だと思ったそうだが、後で登場する小野太恵子先生らがあきらめなかったという。自己肯定感の向上という視点が、2016年度から始まった「『生きる』教育」のプログラム開発につながった。

学校がある生野区は生活保護受給率も高く、海外にルーツがある住民も多い。また学校には児童養護施設から通ってくる子どももいて、家庭関係や生い立ちに関わる課題を抱えた子どもが少なくなかった。生野南小で研究部長を務めた小野先生らが、子ども虐待の研究者の西澤哲さん（現・山梨県立大学特任教授）やシングルマザー支援などに取り組む社会福祉士の辻由起子さんらの講演を聞き、自己肯定感の低さの背景には、虐待経験や親の離婚などによるトラウマがもたらすアタッチメント（愛着）障害がある、ということに気づいた。「このまま放っておいたら目の前の子どもたちが虐待の加害者になりかねない」との危機感もあり、小野先生らはプログラム開発に邁進することになる。

「『生きる』教育」は毎年、細かな修正が加えられながら進められているが、簡単にいうと、自己肯定感を育み、自分と相手を大切にする方法を学ぶための教育といえる。虐待予防教育と治療的な教育を柱とし、日々の生活やさまざまな思いに光をあて、自分は自分であっていいということを確かめながら、同時に、生い立ちや家族との関係を整理し、過去―現在―未来をつないで、子どもたちが前向きに生きていけるように支援する取り組みでもある。発達課題やアタッチメント（愛着）障害の特性や特徴を理解し、困難にあったときの原因や解決方法を考える授業もある。

小野先生は「『生きる』教育」を、こう説明する。「一番身近な心の傷に直結しやすいテーマを授業の舞台にのせ、社会問題として捉え直す。示された『人生の困難』を解決するために必要な知識を得て、友だちと話し合うことで、安全な価値観を育む。困難にぶつかっても立ち直ることができる柔軟性や強さ（レジリエンス）へつなげることを目指している」

生野南小は2022年度に田島南小となり、市立田島中との小中一貫校になった。『生きる』教育」は、小学校1年生から中学校3年生（一貫校での9年生）までを見通したカリキュラムで、総合的な学習の時間や学級活動の時間を使って展開されている。

以下が、各学年で学ぶ「『生きる』教育」の主な内容だ。本書では、各学年でどのように行われているのかを具体的に追っていきたい。

【小学校1年】プライベートゾーンのルール、よいタッチ、悪いタッチを学ぶ。困ったときには相談できる人や場所を確認する。
【小学校2年】赤ちゃんが育つにはたくさんの「抱っこ」があったことを知る。
【小学校3年】子どもの権利条約について学ぶ。守られている権利と守られていない権利を見極める目を養い、権利が守られていない場合は助けを求める力を高める。

【小学校4年】将来の夢を描き、いまの自分と向き合い、過去の自分も振り返る。別の星から来た、こだわりや特性のある4人と一緒に運動会をするときのルールを考える。架空の設定の中で、発達課題やアタッチメント（愛着）障害の特徴を理解するとともに、困難にあったときの原因や解決方法を、環境調整や人とのつながりという視点から考える。

【小学校5年】パートナーシップの視点から、恋愛の中で生じがちな「支配」や「我慢」を見抜く目を育てる。スマートフォンの機能、インターネットの便利さとリスクについても知る。

【小学校6年】家庭をテーマにして、結婚、子育て、親子関係について考える。心の傷についての理解も深める。

【中学校1年（7年）】脳と心と体の関係を学ぶ。思春期ならではのストレスがあることも知り、対処方法を考える。

【中学校2年（8年）】デートDVについて考える。恋愛における支配と依存のメカニズムを理解する。SNSでの誹謗中傷について理解し、情報モラルについても考える。

【中学校3年（9年）】実際の子どもの虐待事例を取り上げ、法律や相談機関、福祉制度について学び、子育ての困難に直面する親の立場にも立ってみる。

問われる教師の力量

先に記したのは、3年生が学んだ子どもの権利条約についての授業の様子だが、当初私は3年生で子どもの権利条約を学ぶと知り、どこまで子どもたちが理解できるのだろうか、という印象をもった。担当の別所先生も「小3で子どもの権利条約は早すぎないかとの声があった」と明かす。「でも、3年生だからこそ、浸透する」といまは自信をもって語る。子どもたちと同じ授業を聞いた私も、その通りだと思う。細やかに作られたプログラムで、子どもたちは驚くほどに権利について考え、その権利の大切さを知り、自分の生活の中に結びつけて考えていた。

別所先生によると、子どもの権利条約にどんな権利が書かれているかを学んだ授業のすぐ後に、「先生、私、殴られたり、たたかれたりしている」と相談してきた子どもがいたという。自分に権利があると知ることは、多くの気づきを子どもたちに与えるということだ。8時間をかけて、丁寧に子どもたちに権利について教えるこのプログラムには衝撃を受けるとともに、日本の未来がこの授業にはあるのではないか、と私は感じた。

2024年は子どもの権利条約が国連で採択されて35年、日本政府が批准して30年という年だった。しかし、残念ながら、その理念は日本ではあまり浸透していないのが実情だ。その背景には、批准した当初、文部省(当時)も厚生省(同)も含め当時の日本政府がすでに子どもの権利は保障されているとして、改めて国内法を整備する必要はないとの立場をとったことがある。そのため、子どもたちは長い間、置き去りにされてきた、と言える。

変化が現れたのは、2016年。その年に成立した改正児童福祉法で初めて、子どもが権利の主体と規定され、子どもの意見が尊重され、最善の利益が優先して考慮されるとされた。2022年に成立した「こども基本法」ではやっと、子どもの権利の保障と最善の利益の実現が理念として規定された。

セーブ・ザ・チルドレン・ジャパンの2024年の調査によると、子どもの権利条約について多少なりとも知っていると答えた子どもは33・1%、大人はわずか16・3%だった。「聞いたことがない」という大人は47・6%にのぼった。子どもの権利条約についての認知度は低い。また、同じくセーブ・ザ・チルドレン・ジャパンが2022年に実施した教員向けのアンケートでは、子どもの権利を「内容までよく知っている」と答えたのは約5人に1人。一方、約3割の教員はほとんど認知していなかった。具体的な理解度を調べた項目では、子どもの権利としてふさわしいものを選ぶという問いで、約4割が「意見を言う権利」や「遊ぶ権利、休む権利」を選ばず、逆に「子どもは義務や責任を果たすことで権利を行使することができる」を選んだ人が約3割、「子どもは成長途上のため、子どもに関することはいかなる場合も大人が子どもの代わりに決めるよう推奨される」を選んだ人が約2割にものぼった。教員たちの子どもの権利についての理解は貧弱であると言わざるを得ない。

田島南小で行われている「『生きる』教育」を実践し、小学校3年生で子どもの権利条約について学ぶことは、教える先生側の認識や力量が問われる。現状ではどこの学校でもすぐに実践することは難しいのかもしれないが、子どもを相手にするプロであるはずの教員が子どもの権利についての理解が低いというのは、あまりにも寂しい現状だ。教員が子どもの権利条約について学ぶことは、『『生きる』教育』に関係なく、必要なことだと考える。

日本の社会ではこれまで、子どもに権利があることを教えると「わがままになる」と懸念する声があちこちから上がっていた。しかし、田島南小では、子どもが権利を振りかざして困ったことはないという。別所先生は「権利があるからには責任があるよ」とも話している。

前述したように権利ランキングの授業の前には、「大人と子どもの違いについて考える」という授業もあり、権利があるといっても、なんでもかんでもできるわけではないということも子どもたちには伝わっている。

別所先生が最近、4年生の平和教育の授業で最初に「平和って何？ 戦争ってなんだろう？」と子どもたちに質問を投げかけたところ、「戦争は、子どもたちの権利が守られていないこと」という回答が返ってきた。「鳥肌が立ちました」と別所先生は教えてくれた。3年生で子どもの権利条約を学んだ子どもたちの認識はそんな答えを導き出すまでになっている。

「子どもの権利条約」の学習、親の気づきも

子どもが権利を学ぶことは、親の気づきももたらす。ある母親が息子の頭をたたこうとしたら「虐待されない権利がある」と言われたという。「先生、こざかしい知恵つけんといて。これからが大変やん」と母親は笑いながら、先生に言ってきたそうだ。家庭で、身近に「権利」という言葉が出ているということでもある。

鐘田昭子さんも影響を受けた保護者のひとりだ。授業参観などで子どもの権利について知り、目を見開かされたという。

「親は子どもを自分のもの、自分の思う通りに動くものと考えがちだが、自分の子もひとりの人間として見ないといけないと改めて気づいた」と鐘田さんは言う。「自己主張が強い次男を抑えつけてきたが、この子にも発言する権利があると考え、話を聴こうと思うようになった」。それぞれの子どもには個性があり、違うということを、「『生きる』教育」で気づかされたと振り返る。

鐘田さんの次男の耀《らいと》さんは、小学校1年生のときから「『生きる』教育」を受けてきた。田島中の3年生だった2023年に、子どもの権利条約について学んだことについて尋ねると、「権利があることを初めて知り、守られているんだと思った」と振り返ってくれた。そのうえで、「『生きる』教育」を受け、心がけているのは、他人の人生を自分の考えで決めないことだとも言った。「道徳の授業はフィクションだけど、『「生きる」教育』はノンフィクションで、ズキッと心に迫ってくる。『「生きる」教育』は、生きるうえで絶対必要な人生の教育だと思う」と語った。

児童養護施設の子どもたち

前述したように、自分が一番大切だと思う権利として、小学校3年生では「親と一緒にいる権利」を選ぶ子どもが多い。児童養護施設の田島童園から田島南小に通う子どもたちにとっては、虐待などの理由で親と離れて生活している自分の現実を突きつけられることにもなる。だが、前に記した通り別所先生は、「親と一緒に暮らせなくても、親の代わりに守ってくれるところもあるからね」と話す。8時間目の授業の最後では、「権利が守られていないときは相談してください」と繰り返し、その相談先のひとつとして「童園」を子どもたちに示している。

田島童園の前田陽介施設長は「施設は『守られる場所』と話してくれるので、(童園の)子どもたちが肩身の狭い思いをせず、誇りをもてるようになっている」と語る。

前田施設長によると、以前、生野南小時代に学校が荒れていたときは、童園の子どもたちも暴力的だった。そのころは童園でも、昔ながらの上から押さえつける養育がされており、職員も足りず、子どもから職員への暴力、子ども同士の暴力は日常茶飯事だったという。『「生きる」教育』が始まり、学校の先生たちと連絡会議をもち、子どもたちについての情報を共有する一方で、施設でも「暴力・暴言は絶対に許さない」という宣言を出した。職員がこれまでのやり方が悪かったことを子どもたちに謝罪して取り組むと、学校の取り組みと両輪となり、3〜4年でみるみるうちに暴力が減った。

童園の子どもたちには、一般の学校でよくある、自分の名前の由来を聞いてくるというような授業はしんどい子どももいる。自分の過去や生い立ちを振り返る授業では、学校からはどう触れたらいいのか、どういうタイミングがいいのかなどの相談もあった。そうしたやりとりを重ね、童園でも児童相談所と協力して、子どもの生い立ちを整理する。自分が童園にいるのはなぜか、なぜ父母はここに預けたのか、などを丁寧に話し合っていくと、落ち着いていく子どもが多いという。

5〜6年ぐらい前までは、授業参観に職員が見に行っても、童園の子どもたちは「なんで来るん?」「来んといてほしい」と言うことが多かったが、いまは「見に来て〜」と言う子どもが増えた。「子どもたちがほかの親と同じに、職員のことを、自分を大事にしてくれている大人として見てくれている感じだ。ここ数年の変化だ。現場の先生たちの力が大きい」と前田施設長は言う。

また、前田施設長は「童園やからと言って地域に差別されないようにしてくれている」ことにも感謝する。以前は、童園の子どもたちだけで遊んでいたのが、ここ6〜7年は地域の子どもたちがたくさん来て、童園の子どもたちと一緒に遊んでいる。変化は著しい。

学校の中での児童養護施設への理解、友だち同士の思いやり、そして親のしんどさも6年間の「『生きる』教育」で学び、親が会いに来なくても周囲に当たらなくなった子どももいるという。「『「生きる」教育』は、うちの子どもにとってもいいものだと思う。児童養護施設に暮らしているということをフラットに受け止め、負い目を感じないで生きさせてくれている。この教育は田島南小だけではないものにしてほしい。教育現場では、社会的養護のもとで暮らす子どもたちがトラウマを抱えていることをもっと広く理解してほしいし、教職課程の中にもそうした学びを入れてほしい」と前田施設長は話した。

『生きる』教育」の全体像、その意義やねらいをある程度つかんでいただけただろうか。ここでまた、教室に戻りたい。次は、「人」と「人」との関係性をテーマにした学習を展開する5年1組にお邪魔する。子どもたちの反応や発言、先生とのやりとりは、この授業の醍醐味なので、できる限り示していきたいと思う。

3　それは「愛」？　それとも「支配」？【小学校5年】

「え～!?」

配られたプリントに目を通したアヤは顔を手で覆った。それっきり言葉が出ず、放心状態になった。

5年生は「『生きる』教育」で、パートナーとの関係を学ぶ。性の多様性を学び、「友だち」と「恋人」の違いを話し合ったり、スマホについて考えたりした後、直近2回の授業では、4、5人の班に分かれて架空のカップルをつくり、おでかけのプランを念入りに考えてきた。

アヤの班は、25歳プロボクサーの天心と23歳俳優の秋奈が東京ディズニーランド（以下、TDL）に行く設定にした。空想を膨らまし、出会いは、「2人が出ていたテレビ番組の打ち上げでイタリア料理店に行ったところ、席が隣になって話すうちに相手を好きになった」ということにした。2人の似顔絵を描き、性格を決め、どんなデートをするのかも話し合って決めていく。みんな真剣そのものだ。授業を担当した小野太恵子先生からは「（おでかけは）午後9時には帰ってな～」と声がかかった。

架空のカップルのおでかけデートプラン

アヤの班は話し合いながら、模造紙に2人の一日を書き込んでいった。

午前7時半に天心が車で迎えに行き、途中のスターバックスで朝ごはん。午前8時15分にはTDLに到着する。アヤたちは、TDL内の実際の乗り物やショーをインターネットで調べながら具体的な行動を時間ごとに決め、最後はパレードを見て、午後8時半に天心が秋奈を自宅に送り届けるという内容にした。

シンが「全部、天心のおごりじゃ！」と言うと、アヤは「少しぐらい払わせてもいいやん」と言いながら、みなで楽しそうにプランを立てた。

次の授業では「いい好き」を見つける課題が出された。この日は別所美佐子先生が担当した。「恋人だからしてほしいことは何かな。好きな同士だからすることを考えて書いて。だけど、チューやハグは『なし』な」と呼びかけると、シンが「先生、手をつなぐのはいいんやろ～？」と質問。別所先生がうなずくと、アヤは「あ～、よかった」と満面の笑みを見せた。

「おそろいのものを買う、身につける」「お互いの趣味の話をする」「お弁当をつくる」……。「いい好き」について、次々に子どもたちから意見が出た。

班の話し合いで、シンは「おみやげ買うのはどう？」と提案しながら、矢継ぎ早に「サプライズは？」「トイレに行くと言って、おみやげ買うのはどう？」と笑いながら付け足した。アヤはまるで自分のことのように「ぬいぐるみがほしい～！」と言った。

その結果、具体的なプランの中で、パレードを見る前に天心が隠れておみやげを買って、ショーを見ながら恋人の秋奈にプレゼントを渡すという項目を付け足した。TDLを出る午後7時半に「もっと一緒におりたかったな～」と天心が秋奈に向かって言うせりふをシンが書き込むと、アヤとルミが「キャ～」とうれしそうな声を上げた。

シンは「楽しすぎるぜ～」と叫んだ。アヤも「あ～、楽しかった！」と満足そうだ。

子どもたちが考えた、そうした具体的なプランを発表してもらった後に、別所先生は今度は、「パートナーができたら自分がしたいこと、してもらいたいことは何？」と尋ねた。すると、子どもたちからは「ほかの人としゃべってほしくない」「困ったことがあったら言ってほしい」「浮気してほしくない」「カフェでご飯したい」「おそろいのものを買う」「一緒に住みたい」「一緒にごはん」「おそろいのアクセサリーを買いたい」「泣いているときになぐさめてほしい」「一緒にいたい」「サイゼ（リヤ）であ～んをする」などさまざまな意見が出た。大盛り上がりだ。

別所先生は「そうした気持ちが湧いてくるのが恋人かもしれないなあ」と語りながら、でも、「良いハートもブラックハートも入っているかもな」とボソリ。それに対して、シンが「ブラックハートって何？」と声を上げた。「それは次の授業で」と言われたシンは「おもしろすぎる!!」と大きな声で叫んだ。

子どもたちが各班で、空想を膨らませて作ったカップルは、時に70代や80代の高齢者カップルもいれば、同性のカップルやどちらかが外国人というカップルもいる。そのときによってバラエティがある。子どもたちはそれぞれの設定で、相手が喜ぶことを考え、２人にとっ

班ごとに相談しながら、おでかけプランを考える5年生

て幸せな一日のストーリーを作り出すことの楽しさを味わった。本当に楽しげに相談する姿はほほえましかった。なかには「本当にこのプランを実行したい！」と言う子どもまでいた。
そんな楽しいおでかけプランづくりの後の最後の授業は、子どもたちにとっては衝撃の展開が待っていた。

数年後のカップルに何が起こったのか

冒頭で記したように最後の授業が始まると、アヤは放心状態になった。アヤが手にしたプリントには、数年後のカップルの様子が書かれていた。その内容を知ったアヤは手で顔を覆い、しばらく声も出なかった。プリントには、男性と話す秋奈に、天心が「だれ？」と詰め寄り、「俳優仲間」と言われると、「ほかの男と仲良くしてるんじゃねーよ」などと怒っている様子が書かれていたのだ。

「あんなに楽しくおでかけしていたのに……」とアヤはつぶやいた。

ほかの班が作ったカップルにもさまざまなことが起こっていた。

男性が「短いスカートをはくな」と恋人の女性の服装に注文をつけたり、野球選手設定の男性が「米国のチームからオファーが来たから、仕事をやめて俺についてこい」といきなり言い出したり。別のカップルでは、女性が恋人に対して、1分の間に何通もLINEを送りつけて「返事がない」と怒り、「スマホを見せて」としつこく迫る事態も発生していた。

クラス中にどよめきや戸惑いが広がった。

この授業は「ブラックハートを見つけよう」と題され、吉村真紗代先生が担当した。吉村先生は「おかしい愛を見つけて、もう一度ハッピーになろう」と目標を黒板に板書した。「どのケースも、好きやから、と言ってるよ。みんな、こういうのはあり？ なし？」。それぞれの班が作ったカップルの数年後の様子を読み上げ、バツや三角、マルをそれぞれ出してもらった。なかには三角の子どももいたが、吉村先生は「これらは全部『なし』です」と説明し、「おかしいことを言葉で表して。○○愛と書いてみて」と呼びかけた。

おかしい愛を見つけて「○○愛」と命名

すると、子どもたちはそれぞれ考えながら、「相手のこと否定愛」「くらやみ愛」「自己中愛」「自分に従え愛」「かまってちゃん愛」「そくばく愛」「勝手な愛」「しっと愛」「わがまま愛」「思い込み愛」「自分が基準愛」などと書き出した。アヤは「あんこく愛」と書いた。

「ちょっとおかしな好きが並んだなあ。これはブラックハート。思うのはしょうがないけど、それを言ったり強制したりしたらブラックハートになるよ」と吉村先生。「しんどくなる愛は愛じゃない。別れるという方法もあることを覚えておいて。みんなはカップルの生みの親として、(カップルが)ハッピーに戻るためのアドバイスをしてください」と続けた。

子どもたちからは「相手の気持ちを考えて」「自分で自分のことはやれや〜」「恋人でも知られたくないことはある」「たまには割り勘や」などさまざまな声が上がった。アヤは「好きでも、やっていいことといけないことの区別が必要」と書き、「また仲良くしてほしいな」と漏らした。

「いまやっていることは人生につながっているからね」。吉村先生はそう言って授業を終えた。愛と支配を考える5年生の「『生きる』教育」の授業時数は計7時間に及んだ。

小学校5年生で「デートDV」や「恋愛」について扱うことは賛否両論があるかもしれない。だが、田島南小では、子どもたちの自己肯定感の低さと中学校進学後の実態を考えると、本当に人を好きになり、恋人関係がスタートする前に、小学校の授業の中で、人権教育や相互尊重という視点から、恋愛について客観的にとらえることが大切ではないかと考えているという。恋愛の楽しさと起こりうる困難を疑似体験し、みんなで自分の価値観をぶつけ合いながら思考をめぐらせることは、思春期を迎える学年だからこそ、重要な取り組みだといえる。

親密な関係だからこそ起こりうる、相手への所有感や支配感情を見抜く力を育てることを願ってのこの授業を5年生のときに受けた田中希佳《のどか》さんは、田島中の3年生だった2023年に「『「生きる」教育』で、最も印象に残った授業」と振り返った。デートプランを作っていくのがすごく楽しかったという。しかし、「こんなに互いを思っているのに、変な方向に転がっていった。暴力が起こって、暴力を振るう方も振るわれる方もそれが愛情だと勘違いすることがあるのだと知って、ショックを受けた」。さらに田中さんは「自分が観ていた恋愛ドラマには暴力はなかったので、それが恋愛だと思っていた。あの授業を受けたときは小5だったので、『デートDV』という言葉は知らなかった。恋愛にも暴力があると知って本当にショックだった」と「ショック」という言葉を連発した。自分たちで一生懸命考え、楽しみながら作ったカップルのおでかけプランだったが故に、後の展開は子どもたちの心に残るようだ。

「デートDV」は恋人同士の間で起こる暴力のことだ。長年暴力防止のプログラムを実施してきた認定NPO法人「エンパワメントかながわ」が2016年に行った全国デートDV実態調査によると、交際経験のある中学生・高校生・大学生1329人のうち約39%が被害にあったことがあると答えている。つまり、調査でわかっただけで、10代のカップルの3組に1組でデートDVが起きている。

デートDVは、性暴力のほか、身体的暴力、異性と話さないと約束させるなどの行動の制限、精神的暴力、デート代を払わないなどの経済的暴力があるが、この5タイプのうち1つでも被害にあった経験がある女子は45%、男子は27%。加害の経験があるのは女子が21%で、20・5%の男子より少し多かった。

デートDV予防教育は最近、高校などで取り入れているところも増えていると聞くが、田島南小の5年生の「『生きる』教育」の授業は、人と人との関係性、互いを尊重することの意味を考えることを土台としているところが、単なる「デートDV予防」だけにとどまらない。授業を通して、好きでつきあい出した2人でも関係が悪化することがあり、またそこに支配的な関係が生まれることも理解できるつくりになっている。さらに、いくら好きだからといっても、束縛は愛ではないこと、相手の自己決定、自由や行動を阻害してはいけないこと、相手のすべてを知る権利はないことなどにも触れられている。好きだからこそ、親密だからこそ起こる「干渉」「依存」「束縛」などの行動を、子どもたち自身の言葉で「○○愛」と表し、理解を深めていることには感心した。何よりも、あれだけ楽しそうに、積極的に子どもたちが授業に参加し、生き生きと意見を言い合う姿は圧巻だった。

4　よいタッチ？　悪いタッチ？　【小学校1年】

田島南小では、1年生のときに「『生きる』教育」で2時間かけてプライベートゾーンについて学ぶ。入学から半年がたった2学期。養護教諭の木田実佐子先生がプリントを配りながら、「今日のめあては、自分の体と心を大切にする方法を考えよう、です」と呼びかけた。黒板の左側に男の子と女の子の絵を張ると、ナオトが一番前の席で「ね〜。女の子の足、傷ついているよ」と声を上げた。血が流れているところを指摘したのだ。

子どもたちはこの授業では、「あんぜん」「あんしん」を学ぶ。

木田先生は同じ絵が入ったプリントを配り、危ないと思うところにマルをつけるよう指示。子どもたちが思い思いにマルをつけているのを見てから、「聞いていこうかな〜」と言うと、パッと手が挙がった。

リンが「（持っている）傘が上を向いていて危ない」と発言すると、ナオトが「下に向けないと危ない」と口をはさむ。ショウが「くつひもとれてる」と言うと、「ちゃんと結ばないと簡単に脱げちゃう」とナオト。ナオトは、思ったことをおかまいなしに口に出す。子どもたちからは「くつのかかと踏んでる」「ひざをけがしている」「帽子かぶってない」「名札つけてない」などの指摘が次々と出た。

木田先生が「この子たちのお顔はどうなっている？」と問うと、リンが「女の子が悲しい顔している」。すかさずナオトが「男の子は怖い顔」と続けた。「なんでこんな顔をしているのだろう？」と木田先生が問うと、「しんどいから」「イライラしている」「だれかとケンカした」「人に嫌なことされたから」「こけたから」と次々と答えが返ってきた。

「嫌な気持ちでなくなることを安心というよ。安心するためにはどうする？」と問うと、タカオが「ママに言う」。タイチが「みたらし団子を食べる」と言うと、笑い声が上がった。

水着で隠れている体の大切な場所

続いて、木田先生は黒板の右側に、体操服を着た男の子と女の子の絵を張った。手足や服に汚れがついている。「せいけつ」にするには「どうすればいい？」との問いに、「手を洗う」「手当てをする」「(鼻水は) ティッシュでふく」「おふろ～」などと声が上がった。

このとき、黒板に張られていた女の子の服がスルリとはがれ落ち、一瞬パンツ1枚の姿になった。

「キャーッ！」

教室中に悲鳴が響き渡った。

木田先生は慌てて下に落ちた服の部分を拾い上げて、女の子の体の上に張り直しながら、こう尋ねた。「なんで、みんな、キャーッと言ったん？　パンツだけだとなぜだめ？」

子どもたちは「エッチ～」「恥ずかしい」と口々に大きな声で答えた。

「そうやな～。恥ずかしいという気持ちは大切やな～」と言いながら、木田先生は、素早く男女ともに、服と水着を入れ替え、水着姿に変身させた。

「水着で隠れたところはプライベートゾーンと言います。４つの約束を考えます」

そう言った後で、木田先生は黒板に「〇ない」「〇〇ない」「〇〇〇ない」「〇〇〇〇ない」と書かれた紙を張った。

ユキが「見ない」と言うと、「見せない」「触らない」「触らせない」との意見が次々に出た。

木田先生からプライベートゾーンと４つの約束を学ぶ１年生

全員で、４つの約束を、声を合わせて読み上げた。

振り返りで、木田先生は「安全に過ごすには、服装や約束を守ること。安心に過ごすには、つらいことがあればお友だちや先生に伝えていいですよ。せいけつにするには、ふいたり、洗ったり、きれいにする方法を使ってください」と言った。

そして、最後に「プライベートゾーンは水着で隠れているところ。自分やお友だちが恥ずかしい思いをしない、させないために、４つの約束を守ってくださいね」。子どもたちは元気よく「は～い！」と返事をした。

プライベートゾーンの約束を学んだ子どもたちは、次の授業で、自分の体と心を守る方法を学ぶ。

悪いタッチに「いいやん」 ある女の子の反応

『生きる』教育」の2時間目。宮木覚史《さとし》先生が、前の授業の振り返りをする。「あんぜん」「あんしん」「せいけつ」について話し、やってはいけない4つの約束についても復習した。「前回は自分の心や体を大切にする方法を考えようだったけれど、今回は守る方法を考えましょう」と呼びかけた。

かわいらしい動物たちのイラストが描かれたプリントを配った。プリントには、11個の四角い枠があり、その中で動物が、①頭をなでる、②肩を組む、③ハイタッチ、④頰を触る、⑤なあなあ(と肩をたたく)、⑥手をつなぐ、⑦腕を組む、⑧キス、⑨お尻を触る、⑩性器を触る、⑪胸を触る――などの行動をしている様子が描かれている。宮木先生は「よいタッチはマルをつけて」と子どもたちに呼びかけた。

みんながマルを付け終わったところで、宮木先生が1つずつ読み上げる。「①の頭をなでる、は?」。子どもたちはみな手でマルを作った。「先生、いつもやっている」「ほめられるから」と言う子どもに、宮木先生は「人によってはバツかも。みんなが校長先生の頭をなでられるかな?」と問いかける。②以降も、1つずつ同じようにやりとりしていく。

「⑦の腕を組む、は?」と問われると、タケルが「キショイ(気色悪い)から」と言いながらバツのサインを出した。「腕組まれたら嫌な子もいるよな」と宮木先生が言うと、マリは「いい気持ちだよ」とマルを示した。「絵をよく見て。サルはうれしい顔しているけど、キツネは嫌な顔しているよ」。宮木先生は「仲良しやし、全然いいという人もいるけど、人によっては嫌だなと思う人もいるね」と付け加えた。

⑧のキス、⑨のお尻を触る、⑩の性器を触る、は、みなバツのサインを出し、⑪の胸を触るでは、「バ〜ッ!」と大きな声が上がった。宮木先生が「男の子は水着で隠れてないで〜」と言うと、「いや〜ん」と言う子がいた。すかさず、宮木先生は「ちゃかすところじゃないよ。大切なところだよ」と続け、意見を聞いた。すると、キヨシが「気持ち悪い」と答え、マモルも「ドキドキして心臓止まる」。ケントが「嫌な気持ちになる」と続いた。「男の子の場合は、胸は水着に隠れていないけど、触ってほしくないところなんやな〜」と宮木先生は言った。①から⑦までは人によってマルバツが分かれるが、⑧から⑪まではバツであることを確認しながら進めた。

しかし、ミキは自分のプリントで、⑦から⑪までにマルをつけていた。周囲の反応を見て、プリントを押さえるようにして、消しゴムでマルを消していた。

授業の後半は、身近な人との関係について考えた。

宮木先生がイラストを見せながら説明文を読む。「今日は、幼なじみのお兄さんと同じクラスの男の子が遊びに来てくれました。久しぶりに一緒に遊べてとっても楽しい!　みんなで鬼ごっこをすることになり、お兄さんが鬼になってくれます。『逃げろ〜!』『待て〜!』。夢中になって逃げていると……背中にタッチ!　肩にタッチ!　お尻にタッチ!」

背中や肩にタッチしたときは何も言わなかった子どもたちが、「お尻にタッチ」と聞くと、「ダメ～」と一斉に声を上げた。宮木先生は「タッチする場所によってはダメになるな～」と応じた。

事例はそのほかに5つあった。赤ちゃんが泣き、お母さんがおむつを外してプライベートゾーンをきれいにふいて、おむつを替えたケース。仲良しの女の子と男の子が追いかけっこをしていると、男の子が「チューしたろうか？」と追いかけてくるケース。頭がぼーっとして寒気がする女の子が病院に行き、お医者さんが女の子の胸に聴診器を当てたケース。そして、通学を見守るおじさんが、人がいなくなってから男の子に「ぼく、かわいいな～」とギューをしてきたケース。

最後のケースでは、みんなの「バツー！」の声が響く中、ミキは「マル」と言った。ちょっと不満そうに「かわいかったらふつうにギューするやん」と付け加える。

宮木先生は教室内を歩いて子どもたちの様子を見ながら、ミキに対して「私、危険やで～」とさらりと声をかけた。

その後、宮木先生は教室の前方に戻り、父と娘が遊んでいる絵を子どもたちに示した。「次は、こちょこちょ遊び」と続け、「これはどうかな～？」。父の手が股に伸びると、「バツー！」と大きな声が上がった。ケンは「アカン。プライベートゾーンや」と言った。それに対して、ミキは「いいやん別に」と漏らす。宮木先生は「お父さんでもダメやな。おむつを替えるのはオーケー。でも大きくなってこの子はトイレも自分でできるよ。そこで、触る必要あるかな？」とみんなに問いかけた。

最後に、宮木先生は「みなさんを守ってくれる大人もいるよ」と話すと、サヨは「空手習っている人」、ユウタは「お友だち」、ケイコは「警察！」と口々に言った。「子ども110番、学校、警察、そうだね。ほかにももっと身近なところにおるやろ」と宮木先生に促されると、ユウタが「パパ、ママ」、メイが「先生たち」と言った。「家族、学校、警察、(児童養護施設の田島)童園もみなさんを守ってくれるところです。覚えておいてね」と宮木先生は念を押した。「いやだとおもったら」と書かれたプリントに、「いやだという」「つたえる」と一人ひとりが書き込んで、授業は終わった。

教室を出た後、宮木先生は「この授業は、ミキのための授業でもある」と打ち明けた。ミキが自分と周囲の反応の違いを知ることは、自分の身を守る気づきになるかもしれない。そんな願いとともに、先生にとっては子どもの様子を把握するリトマス試験紙の役割を果たす授業にもなっている。

5　みんなむかしは赤ちゃんだった【小学校2年】

田島南小の2年生は、『生きる』教育」で、赤ちゃんについて学ぶが、まずは人との距離感を知ることから入る。

2年3組。別所美佐子先生が「今日は、ちょうどよい距離について調べます。距離って何?」と問いかけると、ミノルが「遠さ」と答えた。

1・5メートルほどの白いリボンが全員分配られた。3人組になり、1人がリボンの端っこを持って立ち、ほかの人にもう片方の端を持ってもらう。さらに別の1人に正面からリボンに沿って歩いてきてもらい、自分が話しやすい位置で「ストップ」をかけて、そこでリボンを切る。リボンの長さがその子にとっての友だちとの「ちょうどよい距離」の目安となる。

別所先生はそのリボンを次々に黒板に張り付けていった。50センチが多く、「ちょっと君たち、近いな〜」と声を上げた。クラスの20人全員分がそろうと、リボンの長さは、人によってさまざまなことが一目瞭然になった。長さは40センチから70センチ超まであった。

「友だちとの距離はだいたい60〜70センチぐらいと言われているんやで」と別所先生。次に、15センチ、45センチ、75センチ、120センチ、200センチのリボンを配り、それがどんな人との距離なのかを班で話し合った。選択肢は、①仲の良いお友だち、②お医者さん、③近所の人、④おうちの人、⑤知らない大人、だ。

「一番近い15センチは？」と問われ、「おうちの人」と声が上がる一方で、「近所の人」という子どもも。「どうして？」と別所先生が尋ねたが、答えは返ってこなかった。さらに、ヤスオが選択肢にはない「聞こえない人」と言うと、「それは素敵やなあと思うわ」と別所先生は笑顔を見せた。マサトの答えは「医者！　診察しているときは近いから」だった。200センチについては全員が⑤の知らない大人を挙げた。理由を問われ、ユキが「怖かったらすぐ逃げられる！」と返事をした。別所先生は「みんなが不審者ではないからな。わざわざ近寄っていく必要もないけどね」と話した。

さらに、15センチは②の医者、45センチは②の医者と④のおうちの人、75センチは①の仲の良い友だち、120センチは③の近所の人、200センチは⑤の知らない大人、と語り、文化人類学者のエドワード・ホールが調べた数値を、一般論の適切な距離として説明した。

別所先生はこう語りかけた。「君たちの責任じゃないけど、君たちはコロナのせいで、距離感が難しいと言われているねん。2～3歳のときにコロナでみんなと出会っていないから、けんかしたり、ひっついたりした距離とソーシャル・ディスタンスといわれる距離感の違いがわからない人が多いそうです。自分の距離は近いんかな、ということも考えてくださいね」。

そして、最後に、「距離ゼロの人がいるねん、だれやと思う？」と尋ねた。マコトが「彼女？」

と言うと、別所先生は首を振りながら「赤ちゃん」と話した。

次の授業では、赤ちゃんのことを学ぶ。

ここにいるのは、当たり前のことじゃない

8人の赤ちゃんが登場すると、9月末の教室はとろけるような笑顔と歓声に包まれた。

この日は、学校や高齢者施設に出向いて赤ちゃんとのふれあいを提供しながら「命の授業」をするNPO法人「ママの働き方応援隊」を通じ、子育て中の母親が自身の子どもを連れて学校を訪れていた。2年生全員が集まった教室で、子どもたちは10人ずつ8班に分かれて母子を囲んだ。

2班では、サキが「かわいい〜」と声を上げた。子どもたちは順番に、お母さんに赤ちゃんを抱っこさせてもらい、満面の笑みを浮かべた。

「生まれたとき3キロだったけど、1年たったいまは何キロになったと思う?」。お母さんに問われると、「5キロ」「10キロ」と声が上がり、「9キロ」と言ったキョウタにお母さんが「正解!」と声をかけた。キョウタは「やった〜」と腕を突き上げた。

お母さんが妊娠中のエコー写真を見せながら、おなかの中で赤ちゃんが大きくなっていく様子も説明した。25週目のエコー写真を見たタクヤは「宇宙人みたいや」。

お母さんから、赤ちゃんがなかなか出てこなくて帝王切開で産んだことを教えてもらうと、

ミワは「痛くなかったの～?」と質問した。「手術のときは麻酔をして痛くないようにしたけど、切った後がメチャクチャ痛かった」と言うお母さんの言葉に、子どもたちは真剣に耳を傾けていた。

本物の赤ちゃんを前に興味津々の２年生

抱っこをしたり、足や頬を触ったり、赤ちゃんとのふれあいで、あっという間に授業時間の45分が過ぎた。

授業で母子を紹介するなど司会役を務めていた「応援隊」の長谷津ゆう子さんが授業の最後に子どもたちにこう訴えた。

「(エコー写真で) 赤ちゃんがおなかの中で成長していく様子を見てもらいました。途中で命がなくなることもある。生まれても亡くなってしまう赤ちゃんもいる。そういう中で、こうしてみんながここに元気にいるのは当たり前のことじゃない、すごいこと。命がつながっていることを覚えておいてくださいね」

子どもたちはじっと聴き入り、教室が静まりかえった。

人間の赤ちゃん、動物の赤ちゃん　違いは？

2日後、2年1組では「赤ちゃんのふしぎ」を学んだ。上田恵先生が動物の赤ちゃんについて説明を始めた。「キリンの赤ちゃんはおなかの中に460日いる」と上田先生が言うと、すかさずケイが「1年過ぎてるやん！」と突っ込みを入れた。別の子どもからは「人間の赤ちゃんは280日やで」との声も上がった。

「キリンの赤ちゃんは、ライオンやハイエナに襲われないようにすぐに歩けるようになるけど、何分ぐらい？」と問われると、子どもたちは次々に手を挙げた。「1分」「30分？」……。上田先生が「30分」と正解を言うと、「やば～い」と頭を抱える子どももいた。

上田先生はカバやカンガルーの赤ちゃんのことも紹介した。「どうして動物の赤ちゃんはすぐにいろんなことができるようになるのかな？」と問うと、タカヤが「敵から身を守るように！」と勢いよく答えた。

「襲われてしまうから、動物の赤ちゃんはすぐに自分ひとりでも生きていけるように成長するんだね。では、今度は人間の赤ちゃんの成長を考えます」

上田先生が、生まれたときから数カ月ごとの人間の赤ちゃんの写真を黒板に張っていった。子どもたちからは「オレと同じ顔している！」「かわいい～」と声が上がった。

その後、4人ずつの班に分かれて、人間の赤ちゃんの成長を班ごとに考えた。0～1歳を2カ月ごとに区切り、「3時間ごとのミルクやおっぱい」「首がしっかりする」「ねがえり」「つかまり立ち」「はいはい」「おすわり」「いろいろ食べ始める」など14種類の「できること」を、できるようになる時期に当てはめていった。

悩む子どもたちに上田先生は「赤ちゃんの成長は人それぞれだから、だいたいのところでいいよ。正解や間違いはないからね」と声をかけた。

黒板で赤ちゃんが「できること」を順番に並べながら、「みんなもこうやって成長してきたんやで」と上田先生。

その後、赤ちゃんが「できること」をみんなで確認した。サクラが真っ先に「息ができる」と発言。笑う、食べる、飲む、泣く、動く、持つ、まねる、うんち、おしっこ……。上田先生の問いかけに導かれて子どもたちが答えていった。

「どうして泣くの?」と問われ、ワカは「生きるため?」と恥ずかしそうに答えた。「おなかすいた、おむつ替えて、しんどい、痛い、抱っこして、などと言っているんだよ」と上田先生は説明した。赤ちゃんがどうして寝るのかとの質問には、ヒロシは「寝ないと成長できへんから」、ワカが「エネルギーをためるため」と答えた。

守ってもらわないと生きられない

なぜうんちやおしっこをするのか、どうしてまねるのか、1つずつ子どもたちに質問を投げかけた後、上田先生は「赤ちゃんはいつも抱っこしてほしいと思っているよ~」と話した。

さらに、「成長には抱っこが大切。みんなもいろんな人に抱っこしてもらったんやで～。たくさんの抱っこ、いろんな人からの愛があって大きくなっているんだよ。いやなことがあっても、大きくなったあなたたちは素敵です」と続けた。

人間の赤ちゃんは、守ってもらわないと、抱っこされないと、生きられない――。そんなことを子どもたちの心に刻む授業だ。子どもたちは、自分を産んでくれた人だけでなく、お世話をしてくれた人の存在があることにも気づかされる。

最後に、子どもたちはプリントに自分で書き込んだ授業の感想を発表した。「赤ちゃんの成長はすごい」とリカ。ツヨシは「いま生きていることは大切だと思った」。ワカも「命を大切にしたいと思った。自分が生きていることは奇跡だと思った」と続いた。児童養護施設の田島童園で生活する子どもの中には「お姉ちゃんに抱っこしてもらった」と後から漏らした子もいた。

ユウは、先生の助けを借りて、自分で書いた感想を涙声で読み上げた。「自分には素敵なところがないと思っていた。だから自分のことは大嫌いだった。でも、『生きる』学習をして、生きることは素晴らしいと思った」

後から聞くと、ユウは自分に自信がなく、母との関係に悩んでいるという。そんなユウにとっては、たくさんの抱っこがあったから、いまの自分がいる、ということを感じることができた時間になったようだった。

一人ひとりの子どもに寄り添う

2年生には、本物の赤ちゃんに出会う授業の前に「赤ちゃんはどこからくるの？　おなかの中の赤ちゃんの成長」をテーマにした授業も行われている。絵本の読み聞かせや胎児の成長の様子をスライドで紹介し、赤ちゃんがお母さんのおなかの中に約10カ月もの間守られ、育っていくことを知るものだ。さらに、3000グラムの砂を入れたリュックサックを妊婦スーツとして代用し、リュックサックを体の前に抱き、妊婦さんのおなかの重さを実感して母親の視点でおなかの中の赤ちゃんの様子や妊婦の状態を想像するという。

この授業だけは、私は2023年に見ることができなかったため、子どもたちの反応をどうしても見たいと考え、2024年の9月に授業を見学する計画を立てていた。早朝の新幹線で大阪に向かっているところ、連絡が入った。そのクラスの授業は中止になり、3学期になるという。「え～?!」と一瞬、困惑したが、授業の時間割が変更することは2023年もよくあった。気持ちを切り替え、学校に向かった。

学校で、別所先生から変更になった理由を聞いた。そのクラスの女の子が数日前に、母親を病気で亡くしたからだという。彼女は一見、平気そうに見えるものの、授業の内容が母親を思い出させて、つらい思いをさせてしまうのでないかとの配慮から、授業の実施を延期したと説明された。私はそれを聞き、一人ひとりの子どもに寄り添う姿勢に改めて、感銘を受けた。翌日は、実際の赤ちゃんにふれる授業が予定されていたが、学校が父親と連絡をとって話し合い、その日は学校を休んで、父親が遊びに連れ出すことにしたという。

学校は集団生活の場であり、だからこそ学べることも多々ある。しかし、子どもたち一人ひとりは異なる環境や事情のもとで生活し、さまざまな特性や性格をもっている。その一人ひとりの子どもの環境や背景を把握し、できる限りの対応を試みる先生たちの姿は、『生きる』教育」の真骨頂だと感じた。私の勝手な、個人的な予定から言えば、授業が見られなかったのは、極めて残念な変更ではあったが、先生たちの判断は一人の子どもの心を大切にした素晴らしいものだった。賛辞を送りたい。学校がこうした対応をしていることも、授業変更がなければ気づかなかった。こうした事情もあり、読者のみなさんには、妊婦体験での子どもたちの様子はお伝えできないが、そのことはご容赦いただければと思う。

6　さあどうする？　個性豊かな宇宙人4人との凸凹運動会【小学校4年】

「4つの星から友だちが来ています。4人と楽しくスポーツ大会をします」

4年1組で、和木龍太郎先生が「『生きる』教育」の授業を始めた。もうひとりの先生は高橋七星《ななせ》先生。2人とも20代の若い先生だ。

この授業のめあては、みんなが楽しめるルールを考えること。まずは4人の紹介から始まった。

個性豊かな宇宙人がやってきた

高橋先生が、ペープサートと呼ばれる紙人形劇のうちわ型の人形で顔を隠し、声音や話す調子を変え、4人になりきって自己紹介をした。「僕はマルッチ。アド星から来たんだ。大好きなものがいっぱいある！　高いところも大好きでじっとしてられなくて登って、けがをしちゃう」。好奇心旺盛で、忘れ物が多くて片付けが苦手、順番を待てないと、元気いっぱいの声で自分のことを紹介した。子どもたちは、本物のマルッチが登場したかのように、紙人形に描かれたマルッチを見つめる。

2人目はオーリス星から来たスペック。高橋先生は紙人形を持ち替えて登場した。スペックは毎日の予定をきっちり守って動く。記憶力はいいが、気持ちを伝えるのは苦手だ。大きな音は苦手で、パニックになってしまう。高橋先生の声音は、本当にロボットのようで、その話し方に子どもたちも興味津々。授業に引き込まれていく。

3人目はドスティ星から来たトラ。高橋先生はちょっと乱暴な言い方で「オレは、いっぱいたたかれて育ったからあいさつ代わりにパンチをする。でも、オレは、暴力はあまり好きじゃない。トリート星の病院にいて心の治療をしている。でもつらいことはよく覚えていない」。大きな音や声が怖い。頭への刺激があると暴れてしまう、とも付け加えた。
最後はアタ。小さな声しか出ない。「私はビボール星から来た。いま緊張している。王様がいてやさしくすることや仲良くすることを禁止されていた。みんなが笑顔でびっくりしている」。だから、やさしさとか仲良しがわからない。「やさしくされるとうれしいのに反対のことをしてしまう」と恥ずかしそうに告白した。

子どもたちには説明しないが、4人はそれぞれADHD（注意欠如・多動症）、自閉スペクトラム症、発達性トラウマ障害、アタッチメント（愛着）障害の特性がある設定で作られている。田島南小にもそうした特性のある子どもたちは少なくない。

高橋先生が演じた4人の自己紹介を聞きながら、「それ、オレや！」と声を上げる子もいた。

〈4人の宇宙人〉
・マルッチ：忘れ物が多い。高いところが大好き。順番が待てない。
・スペック：毎日の予定をきっちり守って動く。気持ちを伝えるのが苦手。
・トラ：大きな音や声が怖い。頭に刺激があると暴れる。
・アタ：やさしくされるとうれしいのに反対のことをしてしまう。

4人がバラバラ、どうする？　100メートル走

プリントが配られ、子どもたちはそこに書き込みながら、4人の特徴を頭に入れていく。たとえば、マルッチは、「(　)がいっぱい」「(　)が好き」「(　)が多い」と書かれており、和木先生が1つずつ質問すると、子どもたちは大きな声で「好きなもの!」「高いところ」「忘れ物」などと答えながら、穴埋めをしていった。4人分の書き込みが終わったところで、和木先生が宣言した。

「いまからスポーツ大会をします。最初は100メートル走。初めてだから、リハーサルをします」。そこで、黒板に張ったコースで4人をスタートラインに立たせ、「ヨーイドン」と合図をした。

それに合わせて、高橋先生が黒板に張った4人の紙人形を動かした。マルッチは勝手に走り出し、コース脇の高い観客席へ飛び込む。スペックは予定外のピストル音に「ピストルの音、大きい。怖い。こんなの聞いていない」とパニックになり、まったくスタートできない。アタも「人がいっぱいいると怖い」と一歩も進めない。「頑張れー」と和木先生がかけた声にトラは「なんでそんなこと言われないかんねん。ケンカ売ってるのか!」と怒り出した。4人の宇宙人は全部高橋先生が声音を変えて演じる。

するとと和木先生が「このままじゃ、100メートル走ができない。みんなどうしたらいい?」と子どもたちに問いかけ、4~5人ずつの班に分かれて話し合った。

ケンゴが「アタのために人をいなくする」と口火を切ると、アユが「スペックのために音でなく光で合図する」、シュンタが「トラとスペックのために絵文字を作って見せる」と続けた。サユリも「マルッチのために観客席を低くする」と発言。次々とアイデアが出てきた。子どもたちが提案したさまざまな解決策に、「こんなに出てきてすごいな〜」と和木先生は笑顔を見せた。

問題続出のサッカー、絞り出したアイデアは？

和木先生が続けて「第2競技はサッカーです」と言うと、子どもたちからはすかさず「無理だよ〜」との声も出た。

再び高橋先生が4人になりきって状況を伝える。

スペックはやり方がわからず、「ボールが来た！」と言ってそのままボールを手に持ってゴール。マルッチはゴールの上によじ登った。トラは頭にボールが当たって「どないすんねん」と怒り出し、アタは「頑張ろうね」と抱きつかれて「いやや、やめて〜」と怖がった。「このままだとみんなも大変やな〜。どうしたらいいか、考えてほしい」。和木先生が再び子どもたちに呼びかけた。

子どもたちは再び班で話し合った。難しい問いに頭を抱える班もあった。

「スペックは手を使うからキーパーにする」とケント。ユカは「トラのためにヘルメットを使う」、レンは「アタに小さな声で話しかけて安心させる」。そのほか、「マルッチのためにゴールを低くする」「やわらかいボールを使う」など、子どもたちはいろいろなアイデアを絞り出した。

和木先生は「ルールを変えるだけでなく、やさしく声をかけるとかそういうことも大切だね。これで4人と楽しくサッカーできるかな～？　4人の感想を聞いてみよう」と高橋先生に振った。

「凸凹運動会」成功のために頭をひねる4年生。助言する高橋先生

高橋先生が再び4人の宇宙人になりきって、この日の感想を子どもたちに伝えた。「みんなのおかげで、きょうはけがなくできた。ありがとう！」とマルッチ。スペックは「ルールわかって、楽しくできた」、トラも「みんなのおかげで暴力我慢できた」などと話した。アタが「やさしくしてくれてありがとう。やさしいってすてきだね」と言うと、モエが「(アタは)やさしいってわかったん?!」とうれしそうに声を上げた。

和木先生が「何もせずに100メートル走をしたらどうなった？」と質問すると、子どもたちからは「トラは人をボコボコにしてこける」「マルッチはけがをする」「アタは怒る」などの答えが返ってきた。さらに和木先生が「4人ができるようになったのはだれのおかげ?」と問うと、サナが言った。

「みんな」。そして、こう付け加えた。「仲良いのが一番や」

「いろんな子がいておもしろかった」

授業は休み時間まで突入し、20分もオーバー。全員が「友だちのことを思ってルールを工夫することでみなが楽しめる」とプリントに「まとめ」を書き入れた。和木先生が「長い時間、頑張りました!」と言うと、すかさず「長すぎや〜!」とタイチが声を上げた。

「4人の宇宙人だったけど、みんなも同じやと思う。人それぞれ苦手や得意なことがある。クラスのみんなで、人の気持ちを考えて、相手の苦手なところを補っていってほしい」。和木先生はそう言って、授業を締めくくった。

授業の後、「今日の授業は楽しかった! 話し合いがよかった」とサナがつぶやくと、ミユキも「人の気持ちを考えるのは難しいことだと思った」と感想を漏らした。

その後、子どもたちがプリントに書いた感想文を見せてもらった。

「いろんな子がおったからとてもおもしろかった」

「自分だけで行動せず、みんなで楽しく遊ぶ」

「みんないいとこある」

「それぞれ個性があって大変だった」

「みんな（それぞれに）いろいろいやなことがある」

「人は人で性格が違うことがわかった」

「それぞれの星のルールはその星にいるときは守らないといけないけど、ほかの星（地球）にいても自分の心の中に残っているルールは出てしまうんだと思った」

「楽しかった。どうやったらできるかと思った」

「いろんな星から地球に来てほしい」


この授業は、障害者理解の視点をベースに据えた「考えよう　みんなの凸凹」だ。自分の努力だけでは解決できない特性があることを知り、できないことを認め合いながら、より助け合える関係へと深めていける活動にしたい。子どもたちがそれぞれの個性を理解し、うまくいかないときはお互いにどんな努力が必要なのかを対話の中から見いだしてほしい——。この授業には、「環境調整」と「理解と支援」の視点から課題を解決していく、そんなねらいと願いが込められている。

仕事を知り、将来の夢を語る

4年生は「凸凹運動会」以外に、「10歳のハローワーク」と題して、ライフストーリーワークの視点から、自分自身を知り、過去を整理し、未来を考える授業がある。ライフストーリーワークというのは、自身の生い立ちや家族との関係を整理し、過去・現在・未来をつないで前向きに生きていけるよう支援する取り組みだ。簡単に言えば、過去にあったことを話したり、書き出したりして心の整理をすることで、心のケアにつなげていこうというものだ。田島南小では、アタッチメント（愛着）に課題を抱えた子どもたちも少なくないため、この作業は必須と先生たちが考えたという。自分の生い立ちを整理することで、途切れ途切れになったつらい記憶の一部を紡ぎ、悲しかったことは過去のことだと再認識することで、安心して自分の未来像を描いてほしいとの思いも込められている。

ただ、たとえば児童養護施設で生活している子どもたちにとっては悲しかったことや嫌だった過去を思い出し、トラウマを再体験することになる可能性もある。そのため授業は、きめ細やかな配慮が必要なことを理解したうえで、実施している。具体的には、ライフストーリーワークの第一人者の元・帝塚山大学教授の才村眞理さんに注意点などについて話を聞くだけでなく、一部の子どもたちが生活する児童養護施設「田島童園」に毎年、その年の4年生の成長段階と過去を振り返る作業を進めていいかどうかの確認、特に気をつけておいた方がよい点などを教えてもらっている。その作業は、田島南小の人権担当の先生が中心になり、公開できる範囲で子どもたちの詳しい情報を教えてもらったうえで、個別の取り組みを進めているという。

授業の最初は、いろいろな仕事があることを知ることから。「お菓子の箱」を取り出し、「このお菓子、1箱売るために、どれだけの職業が関わっているか」と問いかける。原材料については、小麦、カカオ、砂糖の栽培と加工、牛乳とバターは牛を育てて加工などがあり、そのほか商品開発、箱のデザイン、箱の製作、販売など、さまざまな仕事があることを知っていく。

そのうえで、次の授業では、インターネットや学校図書館の本を使って、世の中にはどんな職業があるのかを調べる。プリントに自分がなりたい職業を書き、さらに、ネットを使って適職診断をして、自分に向いている職業を知ることもする。適職診断はふだんの生活習慣や好きなもの、苦手なもの、短所などについて尋ねる40項目以上の質問に答えていくと結果が出る。たとえば、「人前で発表したり、まとめたりするのが好き」「学校や習い事は休まない」「何かをつくるのが好き」「融通がきかない」など質問は多岐にわたる。それぞれが診断の質問に答えているときに、「融通がきかない」の項目で、「〇〇子のことや〜」と名前を口にした女の子がいたが、別所美佐子先生はさりげなく「妹のこと言わんでいいよ〜」と笑顔で声かけした。適職診断はあくまでも参考程度の扱いだが、子どもたちはクイズに答えるように、楽しげに取り組んでいた。

リエは自分がなりたい職業は「ネイリスト」と書き込んだが、適職だとされた職業は「心理カウンセラー」「ケースワーカー」と出てきた。「これって何?」と教室の後ろに立っていた私に尋ねてきた。「困っている人を助けるお仕事だと思うよ」と伝えると、うれしそうな顔をした。シンノスケは「トラック運転手」「自動車修理」「パイロット」などが出てきた。「全部、車関係や～。俺、プロ野球選手かプロボクシング選手になりたいんだけどな～」とぼやいた。大谷翔平選手の活躍の影響か、男の子はなりたい職業に「プロ野球選手」を書いた子が多い。ヒロキも「プロ野球選手」になるのが夢だが、診断の結果は「警察官」「消防士」「自衛官」などが並んだ。それを見た別所先生は「ヒロキは責任感強いもんな～」と声をかけていた。

「履歴書」と「面接」

3時間目の授業は、就職するときには履歴書を出し、入社試験や面接があることを紹介。子どもたちは「履歴書」と称したワークシートに、名前、将来の夢となりたい理由、自分アピール、そして、内緒の話やこんなことに困っているということも書き込み、それを使って、一対一で友だちと「面接」をする。「面接」では、自己紹介のほか、いま困っていることを友だちに話したいと思っている人は話してみてと勧め、自分の思いを伝える支援をする。また、話を聞いた人は、話してくれた人に対してメッセージやアドバイスをワークシートに書くことになっていて、悩みなどを話した人が「話してよかった」と思える工夫もしている。

さきほど登場したヒロキはサヤカと「面接」をした。サヤカは小児科医になるのが将来の夢で、「自分が病気のときに診てもらったから」と理由を話した。内緒の話は、「塾の理科のテストの点数が上がっている。社会は下がっている」。困ったことは「塾の宿題、特に算数が多くて大変。どうすれば効率よくできるのか、です」と、向き合ったヒロキに話した。ヒロキは「めんどくさいかもしれないけど、宿題やらないと終わらないから、とにかく集中して頑張って！」と返事をワークシートに書き込んだ。

一方のヒロキは、「小さいころ大谷がたくさんホームランを打っているのを見たから、将来の夢はプロ野球選手」と話し、国語と図工、絵を描くのが苦手、司会をするのも苦手、と困っていることを伝えた。それに対して、サヤカは「憧れを夢にするのはすごい！　国語は先生の話を聞いて、図工は先生のお手本を見てやってください」とメッセージを書いた。「自分の作ったパンを食べてもらいたいから、パン屋になりたい」「お父さんの友だちにいるから、大工になりたい」「錦鯉を見ておもしろいと思ったからお笑い芸人になりたい」「憧れているからユーチューバーになりたい」など子どもたちはそれぞれの夢を語った。互いに温かいメッセージも贈り合い、ちょっとほっこりする時間だった。

「ほしい力」オークション

次の授業。4年2組で、別所先生が「みんなは将来、どんな仕事をしたいか調べたよね。今日は、その将来の仕事につくために、いまの自分を考えて、こんな力があればいいな、こんな力がほしいなということを考えてほしい」と呼びかけた。題して「自分につけたい　この力！　オークション」だ。

33人の子どもたちに配られたオークションリストには、「自分につけたい力」として46項目が並ぶ。①勉強が楽しくできる力、②毎日規則正しい生活を送れる力、③自分の意見を言う力、④嫌なことでも我慢できる力、⑤ダメなことを「ダメ！」と言える力、から始まり、⑯笑顔でいられる力、⑱感動できる力、⑲物を大切にできる力、などさまざまな力が書かれている。

1人に10枚のチップが配られ、そのチップを使って「ほしい力」を競り落としていく。競り落とすことができれば、「ほしい力」は3つまでもらえる。

「どの力に何枚のチップを使うか考えて」と別所先生は3分、時間を取った。

子どもたちはリストとにらめっこしながら、マルをつけ、それぞれに何枚のチップを使うかを考えた。タエは㉑いろいろな物をかたづける力の項目にマルをしながら、「これ、ほしい……」とつぶやいた。プロ野球選手が夢だというコウキは⑨将来の夢をもち続ける力、⑲物を大切にできる力、㉜体を大切にできる力にマルをつけていた。それぞれ何枚を投じることができるかもリストに書き込んだ。

いよいよ、オークションのスタート！

まずヒデキが「㊴厳しい練習に耐える力がほしい」と言う。「チップ何枚？」と尋ねられ、「1枚」と返事をすると、ショウタが「4枚」と手を挙げた。ほかには手を挙げる子どもはおらず、落札となった。別所先生は「もらったらこれをホンマもんにするにはどうしたらいいか考えてよ～」と話し、「どうしてほしかったん？」とショウタに尋ねた。ショウタは将来の夢は決まっていないとしながらも「乗り越えたら強くなれるかなと思って」と答えた。

⑥のもめごとを解決できる力をめぐっては、女子3人が競り合った。ヨウコが最終的にチップ4枚で競り落とした。「嫌なことをなかなか言えないので、この力がほしいと思った」とヨウコは打ち明けた。

競り合いが激しかったのは、⑩のだれかを助けることができる力。ツヨシは最初「チップ3枚」で手を挙げた。すると、サヤカが「5枚」と言い、ほかの男の子が「6枚」。たまりかねたツヨシは「7枚」と声を上げたが、ほかから「8枚」という声もあり、とうとう「10枚」と宣言した。すぐにサヤカも「10枚」と手を挙げた。オークションは熱を帯びる。結局、2人が⑩の力を獲得することになった。前述した通りサヤカの夢は小児科医だ。ツヨシは自衛官になるのが夢だという。2人とも「だれかを助けることができる力」は譲れなかった。

⑦の相手の気持ちを考える力も4人の女子で争った。最後はチップ8枚で競り落とされた。なぜか、㊻の爬虫類の気持ちがわかる力、も人気で、チップ4枚から競り合いが続き、10枚で2人の女子が落札した。ミドリは「大人になって飼いたいから」と言い、マリは「弟のために」と落札理由を語った。私には当初、想像できない展開だったが、理由を聞いて『なるほどなー』と教室の後ろでひとり納得していた。

その後、⑭人に迷惑をかけない力、㉒先を考えて行動できる力、㉓最後まであきらめずに続ける力、㉕だれとでも仲良くできる力、㉘何でもおいしく食べられる力、㉛外国語が話せる力、㉟いろんなアイデアが浮かぶ力、㊹どんなときでも、集中できる力……などが次々と落札されていった。

別所先生は「オークションでなぜその力がほしかったのか理由をプリントに書いてください。それと、その力を現実のものにするために、いまから努力することも書き込んでください」と呼びかけた。トシオは①勉強が楽しくできる力と⑭人に迷惑をかけない力の2つの力がほしかったと記入した。理由はそれぞれ「勉強も休み時間みたいに楽しみたいから」「いつも迷惑をかけているから」と書き、今日から頑張ることとして「しっかりと話を聞く」「授業中はしゃべらない」と記した。

この授業は、ゲーム形式で行われ、子どもたちは楽しみながらも、自分に足りないと思うところを確かめ、改善するための小さな努力を考えさせられるつくりになっている。

いまの自分を整理し、未来を描き過去を振り返る

4年生の「『生きる』教育」では、自分の過去を振り返るというライフストーリーワークの手法が取り入れられている。しかし、いきなり過去を振り返るのではなく、まずは小学校卒業以降の、「未来予想図」を作る。進学や就職、結婚など、自分のなりたい将来を描きな

がら、未来をすごろくのような形式で、描く。

その後、「10歳の自分」を振り返る作業に入る。好きな遊び、好きな食べ物、好きな芸能人、好きな色、好きな教科など自分の好きなことをたくさん挙げ、いま頑張っていること、自分の周りにいる人、大切なものを書き出す。その次の授業では、過去を振り返り、10歳までの自分史を、すごろくのような形で描いて未来予想図につなげる。

つらい体験や人に知られたくないと思う経験をした子どもも少なくない。そのため、先生たちは「見られて嫌なことは書かなくていい」と伝えながら授業を進める。楽しい思い出をたくさん書ける子どももいる一方で、何を書いていいかわからない子どももいる。そうした過去に空白の時間、あるいは明かしたくない過去がある子どもには放課後などに個別に聞き取りをし、寂しかった、悲しかったというようなそのときの思いを共有することを大切にしているという。

最後は国語の時間を使って、「10年後の自分へ」の手紙を書く。未来の自分がどんなふうになっているか想像して、その未来の自分への励ましやアドバイスを書こう、と呼びかける。子どもたちはさまざまな言葉をつづる。「いまの自分は最高に幸せだよ。そのときのことを思い出して頑張ろう！」「つらいことがあっても絶対に死ぬなよ。お母さん、大事にしろよ」「絶対にあきらめるな。あきらめたら絶対に許さん。自分はできる子だ。自信をもってね！」などと書いた子どもたちもいた。

田島南小で実践されている4年生の授業は、自分の過去を振り返り、現在を見つめ、将来を考えるというものだが、特に過去の振り返りについては、かなりの注意が必要だ。保護者から虐待を受けたり、親の離婚など悲しい体験をしたりしている子どもたちが少なからずいるからだ。しかし、そのことにフタをして見ぬふりをするのではなく、話せることは話していいというアプローチで、寄り添う姿勢が鮮明だ。この授業は、決して自己開示を求めるものではなく、子どもたちがそれまでに強いられてきた我慢やさみしさを少しでも和らげるきっかけになればとの願いで行われている。

安心で安全であると感じ、話を聞いてくれる人、自分をそのままに受け入れてくれる人がいれば、自分のつらいことも含めて子どもが話をすることは珍しくない。田島南小では、保護者や施設職員、旧担任や養護教諭、教科担任など、その子どもに関わってきた人たちの協力を得て環境を整えようと努力している。また「『生きる』教育」で学んできた子どもたち同士の分かち合いややさしさもあり、子どもたちは安心して自らのことを語り出しているように感じた。

7　青、黄、赤　傷ついた心は何信号？【小学校6年】

「みんなは傷ついたことある～？」。小野太恵子先生が尋ねると、6年2組の子どもたちからは一斉に「ある～！」と声が上がった。

6年生は「『生きる』教育」で、家庭をテーマに人生の勉強をする。この日までに、結婚、子育て、就職した後のお金の使い方などを4時間にわたって学んできた。

最後の5時間目は、心の傷を考える授業だ。

「自分にとってのナンバーワンの傷は？」と問われた子どもたちは、「失恋」「友だちとのけんか」「おじいさんが死んだ」「殴られた」「名前で遊ばれた」「無視」などを挙げた。

それを受け、小野先生が尋ねる。「無視って何もされていないのに、なんで傷つくん？」。少し間を空けて、「透明人間にされる。おらんと一緒にされるからや」と続けた。

すり傷を負ったときはどうするかとの問いに、シゲルは「消毒」、メイは「ばんそうこう」と発言。「では、心の傷は？」。そう問われると、タケシが「何かにやわらげてもらう」と言った。

「今日は、人生の中で傷ついたとき、どうやって治すか考えたい」。そう語りかけた小野先生が示したのは、青、黄、赤の3色の「心の傷の信号機」だ。「信号機」を見せながら、「いまみんなはどこにいる？」と質問した。

ずっと心に残る傷は「赤信号」

この日の教室は、インフルエンザで休みもあり出席は28人。小野先生の質問に対して、傷はないと答えた子どもが1人。時間がたてば治る傷の「青信号」には4人。しばらく心に残る傷の「黄信号」には、教室にいるほぼ半数の子どもが手を挙げた。ずっと心に残る傷の「赤信号」に手を挙げた子どもは10人いた。その結果に、小野先生は「赤、多ないか～？」と発した。

子どもたちは4人ずつの班に分かれ、封筒を渡された。封筒の中には、小野先生が用意した短冊が数枚ずつ入っている。

短冊には「暴力的な犯罪の被害を受けた」「事故で重傷を負った」「好きな人にふられた」「友だちに無視された」……など、さまざまな出来事が書かれている。

班ごとに相談しながら、その短冊を「青」「黄」「赤」に分け、各班の代表が短冊を黒板に張り付けて分類した。

「テストで悪い点をとった」「運動会のリレーでこけて笑われた」は青信号。「父と母が別れた」は黄信号に張られた。小野先生が「これが赤信号の人は？」と尋ねると、数人の手が挙がった。すかさず、カレンが「別れ方による」と言った。「地震や火事の体験」は黄信号に張られていたが、「赤信号の人？」と聞かれると、10人以上が手を挙げた。

「ご飯を出してもらえない」「家の人から繰り返し暴力や暴言を受けている」は赤信号に張

られていることを小野先生が確認すると、アカネが「いつも受けているから、慣れてる」と発言。そして、「どの信号にも入らない」と主張した。

小野先生が「え～」とやさしく反応し、「(同じ人)ほかにいる?」と教室を見渡すと、3人が手を挙げた。小野先生はさりげなく「慣れんでほしいけどな～」と話を続けた。

小野先生は「みんなに外してほしくないのが、赤信号。命の危険に関わるから」と言ったうえで、「みんなはトラウマって知っている?」と語りかける。続けて、震災や火災などの体験、暴力的な犯罪との遭遇、事故での重傷、家の人からの繰り返しの暴力や暴言などが「赤信号」になる、と説明し、「家の人からの暴力・暴言は、本当に傷ついて、40歳になっても苦しくなるよ」と付け加えた。

さらに「食事など必要なお世話を受けられないのは、これも赤信号」と話した。「ないことを願うけど、あるかもしれん」と付け加えた。「黄信号」に分類されていたいじめについても、「ずっと続くと、こっち(赤信号)に入るよ」と伝えた。

小野先生のテンポのいい授業展開に、子どもたちは目を輝かせて食いついてくる。

「冷凍保存」されるトラウマ記憶

「1回赤信号になったら、復活は不可能? だれに助けてもらう?」。そう小野先生が問うと、「ママ」「友だち」「犬」「自然に」などと次々に声が上がった。

心の傷について学ぶ6年生。小野先生がテンポよく授業を進めた

「心の傷は治療できる。そのためにはメカニズムを知っておかないといけない」。小野先生は、教室の前に設置されたモニターの大画面にハートの絵を映し出して説明を始めた。

「だれもが何とかしようという力をもっている。人は自分で心の傷を癒やすことができ、ふつうは思い出しても平気になる。でも、もっとひどい出来事が起こると、そのままだと心が壊れてしまう。そうならないように、記憶を忘れてしまったり、冷凍保存してしまったりする」

子どもたちが想像しやすいように、小野先生はイラストを見せながら続ける。「記憶の周りに隙間をつくり、すっぽり取り出して『忘れる』方法と、その記憶を『冷凍保存する』方法がある。だけど、（冷凍保存の場合は）何かのきっかけで氷が解けると、そこに新鮮な（状態で）記憶が出てくるねん」。専門的にはそれぞれ「解離」と「フラッシュバック」と呼ばれるものだが、そうした専門用語は使わず、子どもたちが理解しやすいように、わかりやすく伝えていく。

子どもたちは息をのんで耳を傾ける。「たとえば、お父さんにお茶をかけられ、殴られたとする」と小野先生がたとえ話を始めた。「もし、本当にあったたら、そういうときはすぐに学校に来《き》いや」と言ってから、「で、ある日プールでびしゃびしゃしていると……」と続けると、ミノルが「思い出すんや」と声を上げた。プールでのびしゃびしゃ遊びがきっかけになって、殴られたときの記憶がよみがえることを例にして、「冷凍保存だから新鮮やねん。それをフラッシュバックと言うねん」と小野先生。

心の傷を放っておくとどうなるか。みんながプリントに書き入れた。「よみがえる」「記憶が抜ける」「眠れない」「食べられない」「前向きな気持ちがわかない」「自分のことを責めてしまう」……。

そうならないためには治療が必要だ。小野先生は、心の傷を治療するプロフェッショナルがいることを紹介。具体的に、精神科医や心療内科医、臨床心理士、スクールカウンセラーなどを挙げた。さらに、治療には、友だちとつながることも大切だと伝えた。

「どうつながったら、ええん?」と問うと、カオルが「似たもの同士」。ケンジが「もし傷ついていて、うざいヤツが声をかけてくるのは嫌だ」と言うと、レイも「何も知らんのに慰められたくない」と応じた。

小野先生は「慰めようとする、上から目線がダメだと思うよ。でも、先生は『放っておこうぜ』という人間にはなってほしくないいな」とボソリ。すると、子どもたちからは「理解する」「笑《わら》かす」「話を聞く」「おいしいものを食べる」「遊ぶ」などの意見が次々と出た。「(相手が) 暗くてもなんでもいいから遊びに誘えばいいねん」と小野先生。つながることで傷を癒やすことができることを強調した。

人は人に傷つき、人によって癒やされる

「(治療できる) 最後のひとりは?」との問いに、子どもたちは顔を見合わせた。

「自分」と小野先生が言うと、アキラが「なんで〜?」と疑問を投げかけた。自分自身も癒やす力をもつことができると小野先生は返し、「すごく嫌なことが起きたとき、自分やったらどうやって乗り越えるか (プリントに) 書いてください」と呼びかけた。

子どもたちは悩みながらも、マサルが「甘い物を食べる」と言えば、リサは「犬をなでまくって一緒に遊ぶ」。それに続き、ケンが「ゲームをする」、ミナが「ママと2人で出かける」、ナオキが「寝る」と次々とアイデアを言った。

小野先生は、自分が「赤信号」になったときはプロがいることを覚えておいてほしいと強調した。同時に、「ひとりで頑張り過ぎると壊れてしまうからな。そして、(心の傷の治療には) 友だちと自分も大切だからな」と力を込めた。

さらに、「自分の中に武器をもっておいてほしい。心の中の逃げ場所をつくっておいてほしい。友だち、大切なもの、大切な人、思い出……。子ども時代に思い出をたくさんつくっ

ておいたら、思い出して頑張れることもあるから」と続けた。

『生きる』教育」は、仲間と生み出したエンパワメントを、個々のレジリエンス、つまり困難に遭遇したときにそれを乗り越える柔軟性や強さ、に変えていくことを目指している。まさしくそれが、6年生の授業テーマなのだ。

小野先生は最後に、こう語りかけた。

「人は人に傷つき、人によって癒やされる。人とつながることを恐れないでほしい」

ほかに例を見ない虐待予防教育

小野先生の「心の傷」について考える授業は、小学校6年生を相手に45分で、トラウマや解離、フラッシュバックなどを、わかりやすく伝え、どうすればその傷から立ち直っていくことができるかまでを考える内容になっている。25年以上、子どもの虐待問題を取材し、多くの虐待被害者や性暴力被害者たちの話を聞いてきた私は、トラウマを抱えた人たちがその後、いかに生きにくさを抱え、苦しんでいるかを目の当たりにしてきた。新聞紙面でも、トラウマの影響の重さや、どうすればその影響を小さくできるのかを専門家に聞きながら記事を出してきているが、一般の人にわかりやすく伝えるのはなかなか難しい内容だ。それが、この授業では、12歳が理解できるように工夫が凝らされ、コンパクトにまとめられている。小野先生がこの授業をするまでにどれほど勉強されたかということにも、子どもたちに学びを提供するという技術・力量にも、ただただ感服した。

2023年度に田島中の3年生だった古谷野星駿《こやのせいしゅん》さんは、小学校1年生から自分が受けてきた「『生きる』教育」を振り返り、「小学6年のときの『心の傷』の授業が心に残っている」と語っている。6年時の学びは、中学校での「『生きる』教育」にもつながる内容だ。

6年生はこの心の傷について学ぶ授業の前に4時間（2024年度は5時間）を費やし、結婚とは何かから入り、ミルクの作り方、おむつの替え方など子育て体験もする。実際の赤ちゃんとのふれあいもあり、生活にかかるお金についても考えている。そうした授業についても、ここで触れたい。

結婚については、まず、それぞれがどんなイメージをもっているか、子どもたちに意見を出してもらう。

出てきたのは、「ずっとけんか」「言いたいことを言える」「仲良し」「落ち着いている」「わかり合っている」「協力する」など。それから世界の結婚や結婚にまつわる日本の歴史について話すことで、子どもたちは結婚の形はいろいろあることを理解する。

小野先生が「2人でうまくやっていくための法律を考えてほしい。どうしたら2人で仲良く暮らしていける？」と問いかけると、子どもたちからは次々と意見が出た。

「話し合いの時間をとる」

「お金を半分半分にする」

「一緒に仕事をする」

「あいさつをする」

「妻を大切にしなければならない」

「相手のことを受け入れる」

「頼りたいときには頼る」

「仲良く分担」

「一緒にごはんを食べる」

「感謝を伝える」

「2人の時間をつくる」

「みんなずっと一緒にいるのがいいの?」と小野先生が尋ねると、「ひとりの時間もつくる」との声が上がった。


国語辞典では、結婚は男女が夫婦になる、役所に婚姻届けを出す、などと書かれている一方で、憲法第24条では、お互いが納得して成立し、同じ権利をもち、お互いの協力により続けていくものと書かれていることも確認した。「2人は平等で、(結婚は)人に強制されることではない。両親に反対されてもいいねん。18歳になれば自分の意思だけで結婚できる」と小野先生は付け加えた。世界では同性の結婚が認められている国が30カ国以上あり、一夫多妻制である地域もあることを伝え、さまざまな形の結婚があることも学ぶ。授業では、結婚は別にしなくてもいいけれど、知識として学ぶということが強調されていた。

そのうえで、教室では、「人生の先輩に聞く」と題して、教室の前方に置かれた大きなモニターに、3人の先輩の結婚式のときの写真が映し出された。少し前の写真もあるが、「これ、だれ～？」と問われると、子どもたちは自席を離れてモニターの前に集まり、写真を凝視した。しばらくして、「○○先生や～！」「□□先生」と声を上げた。男女双方の先生が、結婚写真を提供してくれ、「先輩」として登場したことがわかると、教室は一気に盛り上がった。その先輩たちが結婚の良い点と大変な点を語った内容が、以下のような形で、カッコの中を答えるクイズ形式で出された。

> 良い点：新しい（　家族　）ができること。子どもが生まれたらその子の成長とともにいろんな経験ができ、いろんな話ができる。一緒に喜び合えたり感動したりできる。
> 大変な点：家族が増えておつきあいが広がって楽しいけれど、気を使う。お金がかかる。生活習慣や考え方の違いがでてくるのは当たり前。お互いにある程度の（　我慢　）が必要。

小野先生は「いつか大事な人が現れたとき、思い出してね～、努力がいるということを。『働いているんやからおまえが家事しろ』とか、『家事してるんやから稼いで来い』とかは言わんようにな～」と呼びかけた。

「子育て」の体験授業では、沐浴《もく》、おむつ、ミルク、妊婦体験や抱っこひも体験などをする。その後、実際の赤ちゃんとふれあい、お母さんの話を聞いて、親として命を預かる責任について考える。育児という視点から命の重みと温かさを体感してもらうのがねらいだ。実際の赤ちゃんにふれる体験は2年生と同じNPO法人「ママの働き方応援隊」のお母さんと赤ちゃんにお世話になった。

6年生も実物の赤ちゃんには興味津々で、抱っこしたり、触ったり、お母さんの話を聞いたりしていた。「赤ちゃんを産み育てるということは命をまるごと引き受けること。大変だなあと思う反面、うれしいこともその何倍にもなって返ってきます。さらにその成長をそばで見られることは代えがたい喜びです」。こんなお母さんのリアルな言葉に触れて子どもたちはさまざまなことを感じる。授業後、ミノリが「弟も妹もいないので、親の大変さがわかってよかった」と漏らすと、タロウも「赤ちゃんはかわいいし、やわらかい。でも子育てになったら赤ちゃんの気持ちを考えるのは大変だと思った」と話した。

授業の最後のまとめで、「応援隊」の長谷津ゆう子さんが「どうでしたか？」と尋ねると、「かわいかった！」との返事。「みなさんにもあんなに小さかったときがありました。どうだった？」と続けると、「サイコーで～す」と歓声が上がった。ここで長谷津さんはクイズを出した。「おむつを卒業するまで、おむつを替える回数はどれぐらいだと思いますか？」。

①5000回、②8000回、③1万回、の3つの選択肢が示されると、それぞれに手が挙がった。長谷津さんは「全部正解で、赤ちゃんによって違います。でも、少なくとも5000回は替えてもらっています」と続けた。

赤ちゃんは着替え、ミルク、散歩、お風呂など、自分のことができないので、お世話することがたくさんあるとも、長谷津さんは伝えた。さらに、「赤ちゃんと生活することで一番大事なことは何ですか?」と問うと、子どもたちからは「一緒にいること!」と声が上がった。それを受け、長谷津さんは「それとね、安全に守ってあげることです。赤ちゃんはなめていろんなものを確かめようとします。発達には大事なことだけど、道ばたに落ちているものでも口の中に入れてしまいます。動けるようになると、目が離せません。安全に暮らせるように気を配ることが大切です」と話した。

それまでは楽しそうに少しガヤガヤしていた子どもたちが、この話のときは、し〜んと静まり、長谷津さんの話に耳を傾けていた。長谷津さんは「みんなも、周りの人に助けてもらって見守ってもらってサポートを受けて、ここにいることができています」と語りかけた。

何にいくら使うのか

暮らしにかかるお金について学ぶ授業は、ものの値段ゲームで始まる。子どもたちは「イェーイ!」と歓声を上げ、拍手で歓迎した。

別所美佐子先生が、鉛筆1本、ノート1冊、卵1パック、サラダ油1本、子どものパンツ1枚、トイレットペーパー1袋（12巻）、米5キロ、鶏肉の胸ともも（各100グラム）、豚肉のももとバラ（各100グラム）、牛肉の輸入と国産（各100グラム）の値段を子どもたちとやり取りしながら、示していく。子どもたちは自分の言った額が当たると、「よっしゃー！」と声を上げ、予想よりずいぶん高いと「メチャ高いやん」と反応した。

次に大卒の初任給は平均が約22万円で、手取りが17万円と教えたうえで、1カ月にかかる生活費の内訳の数字を示し、それが何費にあたるのかを考えてもらい、答え合わせをした。もっとも高額な「5万6800円」は「家賃」だったが、「おこづかい」と書いた子どももいた。別所先生は「だれ～?!　おこづかいって書いているのは～」と笑った。次に高額な「3万8410円」は「食費」と別所先生が言うと、「食べるものによっては違うやん。もやしでずっと頑張れば安くなる」と言う男の子もいた。おこづかいと貯金が2万7785円となったことに、「さすが大人はおこづかい多いな～」とうらやましそうに話す子も。それに対して別所先生は「でも、全部使ったら貯金できへんな～」と応じた。

その後、4人家族を想定し、どんな家に住むか間取りを考え、そのうえで、手取り28万円プラス10万円のパート代の計38万円で父母と小学生の子ども2人の計4人の生活をどう成り立たせるかを、班ごとに話し合った。

おもちゃのお金で38万円が入った給料袋を各班の代表が受け取り、それぞれの班で、家賃や食費、光熱費、医療費、日用品、被服代、水道代などに、どれぐらい使うのかを相談した。貯金を多くした班もあれば、食費にお金をかけた班、交際費・レジャー費に多くを費やした班などさまざまだった。おもちゃのお金を使うなど遊び感覚でできるためか、終始子どもたちは楽しそうに、積極的に話し合いをしていた。

手を動かしながら、班で話し合い、人の意見や価値観に触れる。『生きる』教育」は、「正解はこれ」という学びではない。子どもたちが自分を見つめ、他人を認め、問題や課題、困難に出合ったときに、どうしたらいいかを考えていく土台になるものだ。

「『生きる』教育」の実践で中心的存在である小野先生は、「子どもたちに『生きていてよかった』と思える人生を歩んでほしいと、プログラムを開発した」と語る。

「もし虐待や暴力を受けていたら、『先生、あのな〜』と言えるように、助けを求める力をつけてほしい。教師に限らないが、子どもたちには守ってくれる大人がいるということを知ってほしい」

「『生きる』教育」をすれば、子どもたちからはさまざまなSOSが出てくる。小野先生によると、3年生ぐらいから「お母さんがな……」「お父さんが……」などと子どもたちは先生に悩みを打ち明け始めるという。「そうしたときに、何があっても逃げずに対応するという熱意とともに、教師や学校には知識と力量も求められる。卒業してからもつながっている子どももいる」と小野先生は言う。

6年生の子どもが父親が母親にしていることがモラハラだと気づき、母親が学校に相談してきたことがあるという。その際は区役所につなげたそうだが、「お母さんにも、学校に相談してもいいかなと思ってもらえたことはよかったと思う」と小野先生は振り返った。

授業の中でも、子どもたちからは「いつも親からたたかれているから慣れた」というような発言も出る。小野先生は「『「生きる」教育』の積み重ねで、そうしたことを言うのは恥ずかしいことじゃないと子どもたちの意識に根付いている」とみる。さらに、子ども同士でも、温かく踏み込んでもらいたいと思っていると打ち明ける。実際に、児童養護施設で生活する友だちに対して、ロボットを作る図工の時間に「お母さんロボット作ったろうか」とやさしく声をかけている子どもがいたという。「心の傷を抱えた子どもたちに、ふつうは避けられてしまう話題でも、触れてもらえるんだという安心感をもってもらいたい。自分の生い立ちを誇れるようにしたいと願っている」

また、小野先生は「おもしろくない授業、指導しきれていない教室は、子どもにとってストレスだ。発問の仕方から、板書の字の大きさ、書き方、先生の立ち位置まで、授業を大切にしようという風土の上で『「生きる」教育』は実践している。算数や国語の授業がきちんと行えていないヘロヘロな状態では、『「生きる」教育』はできない」と言い切る。「子どもに学力をつけ、自分の人生を自分で選べる力をつけてほしいと願っている。『「生きる」教育』

はそのツールのひとつ。『「生きる」教育』が地域や保護者にも愛されて根を張り、根付いていってほしいと願っている」と力を込めた。

「『生きる』教育」を始めた生野南小（現・田島南小）の最後の校長を務めた木村幹彦さんは、現在、大阪市立南市岡小学校（以下、南市岡小）の校長を務める。南市岡小でも「『生きる』教育」を実践したいと、着任早々、4年生で「凸凹運動会」の授業をやってみたが、あまりうまく機能しなかったという。「いきなり4年生でやるのは難しかった。田島南小では1年生のときから『「生きる」教育』をやっているから、『凸凹運動会』の授業ができていると感じた」と打ち明けてくれた。

1年生からの毎年の積み重ねがあるからこその「『生きる』教育」だといえる。

木村さんは、生野南小で暴力問題に取り組んだ後に、6年生からお礼を言われたことがある。「小4のときは後ろから跳び蹴りされたけど、いまは治安がよくなった」とその子は言ったという。「子どもがそう思っているから、親もそう思っている。学校全体がよくなったとみんながわかっている」と木村さんは言う。そのうえでの「『生きる』教育」の実践がある。

木村さんは、こんなエピソードも教えてくれた。新しい先生が赴任してきて、言うことを聞かない子どもに怒鳴ったところ、4年生が「（特性のある）あの子にいきなり大声で怒鳴っても仕方ない」と言ったという。「子どもらの方がわかっているんですよね。トラウマや心の傷についてちゃんと理解していて、そうした問題を抱えた子らにやさしい」と語る。

「田島南小の子どもたちは、人のことをよく考えている。人をやっつけて自分が上に立とうというのはない。人を傷つけるようなことまでしてというのもない。仲良くしている方がいいと考えている。『「生きる」教育』をやれば、いじめは減ると思う。子どもを変え、子どもを通して親を変え、地域を変えて、社会を変える。教育の目的って、もともとそうだと思うが、『「生きる」教育』にはそういう力がある」と話した。

8　脳と心と体とわたし【中学校1年(小中一貫校7年)】

中学校1年生(7年生)でこんなに難しいことを話すのかと驚いた授業が、脳の働きについて考える授業だ。脳の構造を説明する中で、「大脳辺縁系」「大脳新皮質」「運動野」「視覚野」「聴覚野」「感覚野」という専門的な言葉が出てくる。それらの名称を覚えるのが授業の目的ではないが、科学的な根拠に基づいてプログラムが組まれているからこそ、こうした名称も使われる。小学校6年生で学んだ「心の傷」が、脳の働きと関係していることが、この授業では明らかになっていく。

田島中の養護教諭である田中梓先生が7年1組の34人と向き合っていた。「思春期は、心と体が大きく成長しているときです」と呼びかけ、「今日は脳と心と体のつながりについて考えたいと思います」と語った。

脳の働きとしては、感じる、体の動きに命令を与える、考えたり覚えたりする、「うれしい」「悲しい」「楽しい」「怒り」などの感情をコントロールする、などがあることを説明。モニターに脳の図を出しながら、「大脳辺縁系」「大脳新皮質」がどこにあるかを示し、「大脳新皮質」が欲求をコントロールできるところであることを伝えた。

田中先生が「赤ちゃんは、おなかすいて泣くよね。みんなはおなかすいたと言って泣く？泣く人？」と尋ねたが、だれからも手が挙がらない。「眠たくて（赤ちゃんみたいに）泣く人いる？」。こちらにもだれも反応しない。「それはみんなの脳が成長して、自分の意思をコントロールできてるからやねん。大脳新皮質が自分の意思をコントロールできるところやからな」と田中先生が語りかけた。

物理的に脳が傷ついたときのＭＲＩ写真を見せながら、こうしたときは、手足の麻痺や言語障害など身体に障害をもたらしたり、興奮して暴力を振るったり、人の顔を忘れてしまう可能性もあることを説明する。そのうえで、次は物理的にはけがをしていない脳のＭＲＩ写真を見せ、「血は出てないけど、脳がけがをすることがある。どんなとき？」と田中先生は問いかける。

東日本大震災のときの写真を見せる。「つらい記憶がずっと脳にあると、つらくて、その記憶がすっぽり抜けたり、冷凍保存されたりする。何かあるとそれが解凍されることがある。この、けがって何?」。その問いに、ユウトが「いじめ」と発言、ミユが「トラウマ」と続けた。「去年勉強したの、覚えてる?」と田中先生は言葉をつなぐ。

「みなさん、シマウマになってください。目の前にライオンが来ました。どうする?」。そう問われ、タカシは「逃げる」、ジロウは「戦う」と声を上げた。それに対して田中先生は「もうひとつ。固まらないですか?」と語り、命の危険を感じるほどの恐怖体験や身近な人から何度もつらいことが繰り返される体験などがトラウマとなり、その症状として「3つのF」、「ファイト(闘争)」「フライト(逃走)」「フリーズ(凍り付き)」が起こると説明した。

続けて、「どんなことがトラウマになる?」と田中先生。「いじめられてなる人もいる」とミヤが言えば、レイは「事故」。ヨシオは「ごはんあげんこと」と続けた。田中先生は、水害、地震、台風、虐待、戦争、大切な人の死、性被害などを列挙した後、各班に10枚以上のカードを配り、「何がトラウマの要因になることなのか分類して」と呼びかけた。

配られたカードには「テストで悪い点をとった」「仲のいい友だちに無視された」「家の人から暴力・暴言を繰り返されている」「先生のルールが厳しくて、納得いかないことで叱られる」「好きな人にふられた」「行きたくない塾なのに、『塾代なんぼかかってると思ってんねん!』と叱られる」などと書かれてあった。

生徒たちが話し合いながら分類しているところで、田中先生は「トラウマになるかならな

ストレスやトラウマとどう向き合うかを7年生に教える田中先生

いかで意見分かれていたものあるよね?」と尋ねた。「好きな人にふられた」について、キヨミが「トラウマになる」と言う一方で、ケンは「ならん」と言った。「行きたくない塾なのに、『塾代なんぼかかってると思ってんねん!』と叱られる」も意見が分かれた。シゲルが「言い方が威圧的ならトラウマ」と言うと、エミは「お金出してくれてるんだから仕方ない」と答えた。

田中先生が「トラウマでなかったものは何だと思う?」と質問すると、みなが首をかしげる。「カタカナ4文字」とヒントが出ると、アキラが「ストレス」と声を上げた。

「じゃあ、各班で、とっておきのストレスを2つ考えてほしい」と田中先生が呼びかけると、各班で生徒たちはさらに盛り上がって話し始めた。

「弟が『お兄ちゃんが悪い』と言うと、いつもオレが悪いことになる」とヨシオが吐露すると、タケシも「宿題が多すぎる」と声を上げた。

生徒たちから挙がったストレスは、「数学が2時間連続である」「毎日英語の宿題が多い」

「理不尽に怒られる」「ほしいものを買ってくれない」「遊びに行けない」「兄弟がウザすぎる」「親・兄弟」「親たちのケンカ」「暴言」「悪口」「年上ばかりが怒られる」「家の人が話を聞いてくれへん」など。

「みんながイライラしていることがわかりました。それは健康なことで、みんながメッチャ成長している証拠です！」と田中先生は大きな笑みを生徒たちに向けた。「思春期特有の脳の働きがあって、大人より敏感に、怒りや悲しみなどを感じる扁桃体が反応します」などと説明、「だから（君たちは）ストレスがたまりやすい時期やねん」と語った。

脳の暴走状態が続くとうつ状態になることがあることも確認し、スクールカウンセラーや臨床心理士、公認心理師、小児科の医師、児童精神科の医師など手当てをしてくれる人がいることも紹介した。そのうえで、「でも、ストレスをはね返すための力をつけてほしいと思っている」と田中先生。「人と物は傷つけないで、2つ、方法を班で考えて」と呼びかけた。

生徒たちから出てきたのは、「甘い物を食べる」「寝る」「遊ぶ」「音楽を聴く」「好きなことを好きなだけする」「信頼できる人に相談する」「大声で歌う」「食べまくる」「友だち、先輩と遊ぶ」などだった。「困難に遭ったとき、はね返す力をみなもっています。それを、レジリエンスと言います。これは自分にできることだね」と田中先生は話し、「信頼できる人に相談するとか、友だちや先輩と遊ぶ、というのは、『安全基地』といえます。だれかがいるからストレスに打ち勝てることもある。悲しいとき、苦しいとき、しんどいとき、信頼する人に相談する。それはだれ？」と続けた。「幼なじみ」「親」「おばあちゃん」「先生」などと生徒たちから声が上がった。

「みんなの中に安全基地がたくさん増えたら、しんどいことも乗り越えられる。先生は、みんなに安全基地を増やしてほしい。レジリエンスと安全基地を増やして中学生活を送ってほしい」。田中先生は、そう締めくくった。

心の傷について取り上げた田島南小の6年生の授業をより深めた授業内容になっている。

9　リアルデートDV【中学校2年（小中一貫校8年）】

8年1組の教室の前方に設置されたモニターには十倉雄介先生が目を赤いハートマークにして、女優の有村架純さんに手を合わせている画面が、映し出された。「先生は、心の中はこういう感じです」と十倉先生が話し、生徒たちの笑いを誘った。

「今日は人生の勉強、恋愛とは？を考えます」

漫画[2]の1ページ目が示される。登場人物の美奈と翔太が電話で会話を楽しんでいる姿が描かれ、2人の言葉として、こう語られている。「翔太に毎日の行動予定を報告することが私の日課」（美奈）。「ミニスカートははいていくなよ。夜は外出するな。接客業のバイトもダメだからな」（翔太）。「翔太は私のことをとても愛してくれている」（美奈）。

「これは、ありかなしか？」と十倉先生は生徒たちに問うた。約30人のクラスで、「あり」に手を挙げたのは男女それぞれ1人ずつの計2人。残りは「なし」だった。「なぜ、あり？なぜ、なし？」と十倉先生は語りかけ、「親密なパートナーとの関係について考えたいと思います」と促した。

彼氏や彼女とのやりとりや力関係などを扱ったテレビニュースの街頭インタビューを流し、デートDVについての概要を伝える。「デートDVって聞いたことある人？」と尋ねると、3人が手を挙げた。

十倉先生は、思春期は脳の中の扁桃体の暴走が起こりやすく、好きとか嫌いとかの感情に敏感になり、ドキドキしたりざわざわしたりしやすいと説明。恋愛しているときの脳は、ドーパミンやセロトニンと呼ばれる「幸せホルモン」がたくさん分泌されて、冷静な判断ができなくなってしまいがちであることも付け加えた。その中でデートDVが起こり、好きだからといって相手をコントロールしたり、モノのように扱ったりするのは暴力であることも、説明した。

生徒たちは6班に分かれて、配られた4枚の4コマ漫画(3)について、そこで描かれていることが、デートDVの身体的暴力、精神的暴力、経済的暴力、社会的暴力、性的暴力のどれにあたるのかを話し合った。そのうえで、刑法や民法、ストーカー規制法、ＤＶ防止法などがあり、デートＤＶはそれらによって規制される行為、犯罪に近い行為であることも、十倉先生は説明した。「実際にデートＤＶが起きたら、法律もあるし、警察や話を聞いてくれる窓口もある。保護者や先生にも相談できます」。その語り口からは、恋愛だから２人だけの問題と考えるのではなく、デートＤＶは社会問題であることを生徒に理解してもらうというねらいが見えた。

翔太と美奈が登場する漫画に戻り、今度は班ごとに翔太のひとつひとつの行動にシールを貼る作業をした。落ち着いているときは緑、イライラしているときは黄、暴力・暴言のときは赤のシールを貼った。翔太はやさしいときもあるが、時に、美奈の行動を制限し、たたくこともある。友だちに勧められて美奈は、一度は別れを決意するが、また翔太のもとに戻ってしまう（この展開は漫画にはない授業のオリジナル）。

そうした場面を生徒たちはコマごとに切り分け、「イライラ期」「バクハツ期」「ハネムーン期・ラブラブ期」に分ける作業をした。その後、十倉先生は、「どうしてこの負のサイクルにはまってしまうのか」「どうして２人は離れられない？」と質問を投げかけた。

生徒たちからは、美奈は「好きだから」「依存しているから」「（翔太が）やさしいときもあるから」「やさしくされるから」、翔太は「好きだから」「独占したいから」「自分のことを見てほしいから」などの答えが返ってきた。

「じゃあ、そのサイクルにならないために必要なことは何だと思う？」と十倉先生が問うと、美奈は「断る」「逃げる」「別れる」「話す」、翔太は「束縛しない」「縛りすぎない」「すぐに嫉妬しない」「行き過ぎない」「相手の気持ちを考える」といった意見が出た。

漫画を使ってデートDVについて考える８年生

十倉先生は「焼きもち、自分好みになってほしい、独り占めしたい、離れたくない、というのは、だれもが抱く感情です。でも、行き過ぎていいのか？」と問いかけ、「先生と架純ちゃんがうまくいくルール、恋愛6カ条をみんなで考えてほしい」と提案した。10代にも人気の俳優、有村架純さんの名前を出すことで、「好き」を生徒たちに自分ごととして考えてもらおうとしていると感じた。

生徒たちは班ごとに議論、6班から1つずつ出てきた6カ条は、①お互いの気持ちを話す機会をもつ、②縛りすぎない、③思いやりをもつ、④法に触れない、⑤互いに信じ合う、⑥素直に話す——だった。

「先生が東京に行って架純ちゃんに会ったら、これを守ればいい？」と言いながら、十倉先生は「これから先、みんなが高校生、大学生になってだれかを好きになることがあると思う。そのときは、これは行き過ぎだと思うことをされたときは自分のことを考えてほしいし、そういう友だちがいたら、気をつけた方がいいと言ってあげることができたらいいなと思います」と話した。

授業後、サラは「私は彼氏がいるけど、束縛しないようにしようと思った。小学校のときに『「生きる」教育』で習っていたので、デートＤＶは知っていた」と感想を漏らした。また、ミエは「翔太が暴力にいく前まではすごく共感してこの漫画を読んでいた。もし、自分が美奈の立場だったら、暴力までいかれていると思った。私は『オレのものにしたい』と言われたいタイプだから、授業を聞いていなかったら、暴力を振るわれていると思う。でも、ヤバいと気づいたり、もし何かあったりしたら、人に言おうと思うし、何かある前に相談できる人をつくっておこうと思った」と語った。

10　子どもの権利を守ることができる大人になるために、できることを考える【中学校3年（小中一貫校9年）】

「こども家庭庁知っている人？」の問いに1人の男子生徒が手を挙げた。この日の9年1組は26人が出席している。十倉雄介先生は「こども基本法って知ってる？　1年半前から始まっている。先生もまったく知らんかった。数学の先生でも知っとかないかんと思う。先生も一緒に学んでいこうと思う」と生徒たちに語りかけた。

事前アンケートで9年生が選んだ譲れない大切な子どもの権利は、①第2条の差別されない権利、②第6条の生きる権利・育つ権利、③第19条のあらゆる暴力から守られる権利が上位3位を占めたことを紹介し、十倉先生が「18歳って何？」と問いかけると、フウタから「成人」という答えが返ってきた。「あなたたちは、いまは（権利条約で）守られているけど、3年後は？　あっという間に18歳になります。今日は、子どもの権利を守ることができる大人になるために必要なことを考えよう、が授業のめあてです」と十倉先生は授業の目標を説明した。

簡単に子どもの権利条約の歩みを振り返った後、生徒たちに1枚の写真を見せた。幼い女の子が厳しい顔で座っている写真だ。「何をしていると思う？」と問われ、コノミは「何かを売ってる？」と言い、カツオは「商売している！」、キミオが「つかまえられている」と声を上げた。十倉先生が見せた、引いた全体の写真には、女の子の隣に大人の男性が座っていた。「イエメンに暮らすTさんは6歳で、初めて会う25歳の男性と結婚することになりました」と説明されると、教室にはどよめきが起こった。そのほか、ガーナのカカオ農園で働く9歳の少年、少女兵士だったウガンダの12歳、ウクライナで実父と別れて避難する幼い子ども、パキスタンで女子教育の大切さを訴えて狙撃され、重傷を負って入院するマララ・ユスフザイさん（当時14歳）の写真が次々と提示された。

そのうえで、こうした子どもたちを救うにはどういう方法があるかを班で考えた。国際機関やＮＰＯ・ＮＧＯのほか、「寄付をする」などの行動が書かれた計8枚のカードが配られ、カードの説明を読みながら、どの機関が何をしているか、どんな行動が子どもたちの救済につながるのかを話し合い、マッチングした。

子どもの権利を守る大人になるために。議論する9年生

その後、十倉先生は、日本の子どもたちに話題を変え、写真を見せて「ヤングケアラー」を取り上げた。

次に架空の家族を紹介した。寝たきりのおばあちゃんを抱え、仕事が激減しているお父さん、育児でストレスがたまっているお母さん、家のことをしている中学校2年生の長女、学校で仲間外れにされている小学校5年生の長男、お母さんから大きな声で怒鳴られている5歳の次男、という6人家族。それぞれが置かれている状況、家族が抱えている問題を理解し、問題を解決するためにはどうすればいいかという視点で、それぞれにどんな人の助けが必要かを生徒たちは考えた。学校の先生、ハローワークの職員、ホームヘルパー、弁護士など、25種を超えるさまざまな職業の中から、力になってくれそうな人をマッチングし、家族のメンバーそれぞれにどんな言葉かけをすればいいのかも検討した。

長女や長男には友だちが「相談にのるよ」「話聞くよ」と声をかけるというアイデアが出たほか、お母さんには近所の人が「最近大変そう。ごはんおすそ分けするよ」と言えばいいと、提案した女子生徒もいた。お父さんの弟が「週末ぐらいは行くよ」とおばあちゃんに声をかけるという案も出て、授業を手伝っていた別所美佐子先生は「そんな考え、初めて出た。すごい！」と声を上げた。

十倉先生はその後、日本では子どもの自殺率が高いことなども紹介し、「どんな大人になれば『子どもの権利』を守ることができる大人になれるでしょうか？」と問いかけた。班ごとに考え、発表してもらった。

生徒たちからは、「子どもの気持ちを考えられる人」「最低限の生活ができるぐらいの経済力をもつ大人」「やさしい大人」「気持ち、金、時間に余裕のある大人」「何事にもポジティブな人」「自分の意思をもつ人」「周りを見られる人」「どんな人でも助けることができる人」「子どものために行動できる人」などの意見が出た。

十倉先生は最後にこう言った。「あなたたちは勉強ができなくても、だれにでもやさしくするという気持ちをもっていることが一番いい。でもやっぱり、勉強して知っていないと損することも、助けてもらえないこともある。3年後に成人したときに、これからの子どもを守れる大人になることを願って、この授業を終わります」

社会の中の親子

9年生の「『生きる』教育」には、もう1時間、「虐待の現状と連鎖を止めるためにできること」をテーマにした授業がある。9年2組の26人に向けて、紙原大輔先生が「社会の中の『親』と『子』について考えよう」と授業のめあてを告げた。

「自分が大人になったときに子どもに対して、これは絶対にやったらいかんと思うことは何?」と質問を投げかけた。生徒は、配られたワークシートにそれぞれが書き込み、その後、班でも話し合った。

各班の代表が1枚ずつ紙に書き出し、それを黒板に張り付けた。黒板には、「ごはんなし」「殺人」「しばく」「洗脳」「理由もなく暴力を振るう」「犯罪させる」「外出禁止」「遊びの制約」「お金没収」「放置」「育児放棄」「見放す」などが並んだ。

それらを紙原先生が身体的虐待、性的虐待、ネグレクト、心理的虐待に分類し、子ども虐待が増加している現状のほか、児童福祉法や児童虐待防止法などを説明。SOSを出せる場所として、具体的に児童相談所(#189)があると伝えた。虐待を受けた子どもたちが保護され、守ってもらえる場所としては、乳児院や児童養護施設、母子生活支援施設などがあることも紹介した。

一方で、法律や制度があるものの虐待が増えている現状を伝え、子どもが死亡する事件が起きていることも実際のニュース映像を見せながら説明した。6歳の子どもが打撲による外傷で亡くなったことを聞き、アキラは「子どもがかわいそう」と声を上げた。ナナは「悲しい」、マモルは「ひどい」、ヨシエは「なんでそんなことするの？」と言った。

紙原先生は「子育てしたら悩むこともあるねん。子育ての困るあるあるを見て、どうしたらいいか考えてほしい」と投げかけた。3つのケースが紹介された。

1つめは、生後3カ月の赤ちゃんが何をしても泣き続けるケース1。2つめは、友だちをたたいてけがをさせた小学校2年生のケース2。今回が3回目で、親が謝りに行くと、「育て方が悪い」と言われ、家に戻ると、子どもはゲームをしていたという。3つめは、コンビニで万引きをした中学校3年生。注意されて逃げ、警察に捕まった。親が行くと、「おい、遅いねん！　うざいわ〜」と言ってきたというケース3だ。

班で話し合った。ケース2では、生徒からは、ゲームを取り上げ、トイレや部屋に閉じ込めるという意見が複数出た。ケース1やケース3では、なかなかアイデアが浮かばない。紙原先生は「考えてみたら、難しいよなあ〜。どうしたらいいかわからんな〜。実際、困ってどうしたらいいかわからんこともあると思うねん」と発言。その後、それぞれの親の気持ちをインタビューしてきたとして、親の気持ちを話した。

ケース1：布団の上で泣くわが子が憎らしい。赤ちゃんの口を押さえそうになる。近所迷惑と家族に言われる。私が悪いのだろうかと思う。
ケース2：親の教育が悪いと言われたけど、しつけの方法を教わっていない。おまえの育て方が悪いと夫に言われた。ゲーム機を投げ捨てたくなる。
ケース3：再婚して下の子ができて、息子が何を考えているのかわからない。何もかも放り出して逃げたい。夫の息子への怒鳴り声も聞こえる。

「君たちと同じく、実際の親も困っている。大人も悩んだり、困ったりして子育てしている。多くの場合は亡くなるまではいかないけれど、亡くなってしまうこともある」と紙原先生は話し、子どもを死なせてしまった加害親の面接などをしている専門家から聞いたという内容を生徒たちに伝えた。

「『親』というものがわからない」「完璧な母になりたかった」「泣き声で自分が責められているように感じた」「愛されることがわからない」「相手の立場を考えるのが苦手」「相談する人がいなくていつも孤独だった」「子育ての方法を学ぶ場がなかった」などといった加害した親の声を紹介すると、教室は静まり返った。

「紙一重のところにいるのではないだろうか。親も困っている。こんなことがあれば、困らずに子育てできるということを考えてほしい。虐待につながらないために、安心して子育てをするために、良い手立てはないだろうか」

班で話し合った結果、生徒たちからはこんな意見が出てきた。

「人の家庭に文句をつけない」

「中学や高校で子育ての仕方をたくさん学ぶ」

「他人を頼る」

「父母が仲良く子育てをする」

「子どものよいところを見る」

「悩んでいる人が相談できる場所をつくる」

「子どもの気持ちを聞いてみる」

「叱るのでなく、一緒に遊ぶ」

「信頼できる人に話す」

「ひとりで抱え込まない」

さらに、「もうひとつ考えてほしい」と紙原先生が言い、「愛されることがわからへん、と言われたら、どうしたらいい？『愛される』って何？」と問いかけた。

ランが「存在を認める、認められること」と言うと、辞書を引き出す生徒も。4班からは「やりたいことを全力で支えてくれる」という意見が出た。2班は「自分の居場所があること」、6班は「大切にされている」、5班は「自分が愛されるまで愛し続ける」。3班から「生かされていること」と声が上がると、「（児童養護施設の田島）童園もごはんとか食べさせてくれている」と言う生徒がいた。ちなみにこの生徒は田島童園で生活する子どもではなかった。それを受け、紙原先生は「いろんな意見出たな〜。認められる、心配してもらえる、もそうかなと先生は思う。それと、ホンマにアカンときに『アカンで！』と言ってくれることも、そうだと思う」と自分の意見を伝えた。

最後に、「親と子の間でやりとりして、愛されることがわかればいいが、それは当たり前じゃない。親からもらえたり、もらえなかったりする。親の代わりにはだれにもなれないけれど、でも、みんなは（愛されることの）小さいかけらを周りの人からもらっていると思う。愛されることがわからないというのは、そのかけらもどこかに置いてきてしまっているんじゃないかと思う。先生は、孤独が一番怖いと思う。だから、みんなは、人と人との関わりを怖がらないでほしい。人はひとりでは生きていけない。社会の中に生きている。みんなと生きている、と思える世の中になってほしい」と締めくくった。

生徒たちはこんな感想を書いた。一部を紹介する。

「ひとりになっても子どもを育てるためには、経済力が必要だと思った」（女子）

「子どもの気持ちを聴くことが大切だと思った。親もつらいからあんまり迷惑かけやんとこと思った。『ありがとう』とかの言葉が必要だと思った。自分が親になったときも、子どもとちゃんと話し合ったり、遊んだりして自分の気持ちも楽にしようと思った」（男子）

「親も子も必死に考えていてどちらもどうしたらいいのかがわからないと思った」（男子）
「ホンマに子どもと一緒に暮らしたかったら、暴力せんと愛することが大切やと思う」（女子）
「この授業で、相手を理解することを学んだ。相手の気持ちに応えるために自分から変わることが大事だと思った。自分が変わることが相手を変えるための原動力になると思った。でも、自分が大人になって子育てをするとなると、絶対に大変で『わが子を楽しませる』なんてこと考えられないと思う」（男子）
「いつも自分だけしんどいと思っていたけど、ママもパパも私のために悩んだりしたのかなと思うと、もっと助けになれるようにと思った。子どもだけじゃなくて大人もしんどいということがわかった。ひとりで悩むのではなく、みんなに相談して、みんなで悩んであげることが大切だと思った」（女子）

2023年度に田島中の3年生だった延山明未《あみ》さんは、9年間の「『生きる』教育」を通して、虐待で子どもが死んだり、好きな人に暴力を振るわれたり、考えられないことが実際に起こっていることを知ったという。「すごくしんどかったけれど、とても大事な授業だと思った。ふつうだったら、虐待死のニュースを見て『かわいそうやな』で終わってしまうけれど、絶対にやったらダメと思ったし、やろうとしている人がいれば救いたいと思った。授業を受けて、救われる人が増えるのではと思った」と語る。さらに、延山さんは、自分自身を人に頼るのが苦手で「自分でためて爆発してから言うタイプ」と分析するが、「『生きる』教育」

で毎回、相談できる人がいたら解決できる、だれにでも相談していいと先生たちに言われ続け、変化があった。「お母さんに相談できるようになった。以前は迷惑かけると思ってできなかった」と明かす。母親からも「迷惑じゃない。頼ってほしい」と言われたという。「人に頼ることで、問題や課題は解決できることを私は学んだ」と力強く話した。

子どもたちの「力」を引き出す教育

最後に、新聞記者として四半世紀にわたり、社会的養護に関わる子どもたちの取材をしてきた私が、『『生きる』教育」に何を見たのかをお伝えしたい。

これまでの取材の中で、子どもたちに教えてもらったこと。それは、子どもには「力」がある、ということだ。しかし、その力をいかに引き出せるかは、子どもたちの周りの大人や社会にかかっているということを感じてきた。果たして、日本の社会は、子どもたちからその力を十分に引き出せているのか。それは大いに疑問である。

日本の子どもは自己肯定感が全般的に低いと言われている。2023年にこども家庭庁が各国の13歳から29歳までの子ども・若者を対象に実施した「こどもと若者の意識に関する調査」の結果を見ても、「自分自身に満足している」との問いに対して、「そう思う」と答えたのは、日本は57・4％だった。アメリカ、ドイツ、フランス、スウェーデンはいずれも72・3～75・6％と高い数字が出ている。また、国連児童基金（ユニセフ）が2020年に公表した報告書によると、日本の子どもの精神的幸福度は、先進38カ国中37位だった。

なぜ、日本の子どもたちはこれほどまでに精神的に満たされていないのか。私は背景のひとつに、日本が1994年に子どもの権利条約を批准した後の20年以上、国内法を整備せず、権利の主体としての子どもたちの存在を認めてこなかった社会のあり方があるように思う。世界における日本の昨今の地盤沈下も、子どもたちを置き去りにしてきたこうした社会状況が遠因としてあるのではないかと個人的には考えている。

私は2年にわたって大阪市立田島南小中一貫校（田島南小学校・田島中学校）に通い、「『生きる』教育」の授業をつぶさに見てきた。そこで確信したのは、「『生きる』教育」は、まさしく「生きる力」を子どもから引き出すものであり、その力を育む土壌になるということだ。「はじめに」にも書いたが、この教育を日本の標準にできれば、子どもたちがもっと自己を肯定し、前向きに生きていける可能性があるのではと感じる。同時に、先生や保護者などの大人にとっても、これまで社会に欠けがちだったさまざまな視点や知見を得ることができると考える。

一人の少女の話をしたい。

25年前、私は「大人は悪魔だ」と繰り返していた18歳の少女、彩美（仮名）に出会った。彩美は幼いときに母親を亡くし、乳児院、児童養護施設で育ったが、その施設が問題だらけの施設だった。彩美は施設長らから虐待を受け、無断外泊や万引きを繰り返した。その結果、

16歳の春に施設を追い出され、長年面会に来なかった実父に引き取られた。しかし、案内されたのは、かつて彩美らが幼いときに住んでいたというあばら屋。そこで掃除をしていると、実父は1万円札を2枚、机の上に置いて姿を消した。「捨てられた」。そう思った彩美は自暴自棄になった。生きていくため、キャバクラで働き、体を売った。私が会った当時の彩美は髪を金色に染め、「5年先に生きているだろうか」と思うほどだった。

その後さまざまな経緯をたどるが、あるとき、同居する男性にひどい暴力を振るわれた。彩美は婦人保護施設に逃げたが、まもなく「仕事見つけて出ていけって言われた。高校中退で住み込みだとパチンコ屋しかないよ。面接の行き方もわからない」と電話をかけてきた。彩美は社会的な経験が極端に少なく、電車の乗り方も知らなかった。電話口で切符の買い方を教えると、彼女はハローワークに向かった。とても不安そうだったが、人生を諦めていたかつての彩美ではなく、何とかしようともがく彩美がそこにはいた。

彩美を変えたのは、信頼できる大人との出会いだ。施設での虐待を問題視した住民や弁護士の存在があった。ある住民は「困ったら飯を食いに来い」と声をかけ、弁護士は彩美の話を真剣に聞いた。「悪魔のような大人だけじゃないんだ」。その実感が彼女の背中を押した。

彩美は住み込みのパチンコ店で働いて金を貯め、紆余曲折はあったものの、なんとかアパートを借り、携帯電話を扱う店での職を得た。働きが認められてスカウトされ、いまは百貨店に勤める。英語の勉強を始め、海外に出かけるなど、公私ともに充実した日々を送っている。

「私はラッキーだと思う。いろんな人に支えられてきた」と43歳になった彩美は言う。

彩美の歩いてきた道は人一倍過酷だったかもしれない。しかし、そんな彼女が行きつ戻りつしながら、「生きる力」を芽吹かせていった。

子どもたちのもつ「力」を引き出すのは、社会の責任だと、私は考える。子どもたちの人生がどんなに苦しいものでも、だれかが代わりに生きることはできない。子どもたち自らが、自分の力を芽吹かせ、生きていくしかない。公教育の場で、その「力」の種に、水や栄養を与え、土壌をつくる「『生きる』教育」に、私は未来への希望を感じる。

(1)筆者が取材したのは2023年度。当初は子どもに理解しやすい文言を使っていたが、2024年度より、田島南小の教材で第19条は「あらゆる暴力から守られる権利」と訳を変更している。

(2)山口のりこ『愛する、愛される 増補版 デートDVをなくす・若者のためのレッスン7』梨の木舎、2017年。

(3)『もしかしたら、ワタシ…被害者かも。――デートDV～あなたの近くにある暴力～』発行者：陸前高田市福祉部子ども未来課・制作協力：公益財団法人 日本ユニセフ協会
https://www.city.rikuzentakata.iwate.jp/material/files/group/16/dv_soudan.pdf
https://www.unicef.or.jp/kinkyu/japan/pdf/dv_soudan.pdf

第2章

「『生きる』教育」に取り組む

1 なぜ「『生きる』教育」が誕生したのか

――暴力を「ことば」に変え、生い立ちを「誇り」とする

大阪市立田島南小学校指導教諭　小野太恵子

1 「『生きる』教育」ができるまで

教育現場の限界と可能性を知る

２０１２年、私は5年目教員として生野南小学校（以下、生野南小）へ赴任した。初任校では体育主任や健康教育部長を務め、小学校教育研究会算数部で授業の腕を磨くなど、わりと元気な教員だったと自覚している。しかし、赴任して早々、田島童園（児童養護施設）から通う5年生の男子児童（A君）が繰り広げる、小学生レベルをはるかに越えた暴力や性化行動に、心底限界を感じ、精神的に立ち尽くしてしまった。「理不尽」がスイッチとなるトラウマ反応や、アタッチメント（愛着）の形成不全が要因だったのだろうが、当時はそのような知識がなかったため、脈絡のない彼のスイッチにすぐに反応できるよう、極度の緊張状態で日々を過ごしていた。就寝時、明日が来るのが怖くて、目をつぶらないようにしていたことを記憶している。

6月の雨の日、また彼の目の色が濁り、暴れそうな兆候が見えた。今なら、「生い立ちも親も選べへん！　だけど人生は選べる！　だから逃げるな！」と、上手に言えるのかもしれないが、当時は、11歳児童と32歳教師。「11年しか生きていない子どもに、大人として負けたらアカン！」という、わずかに残っていた負けん気だけで向かっていった。出てきた言葉は「おまえに帰る場所はない！」であった。意味は、「とことん付き合うから、ここで生きていけ」だったように思う。そしてその言葉は、なぜか彼に届いたのだ。

それから、彼は私についてきてくれた。学習も学校行事も、一生懸命取り組んでいた。そして私も、持っていた技のすべてを使い、足りなければ勉強し、行事の準備や教材研究に取り組んだ。この授業準備で彼の心が満たされ、人を殴らないで済むのなら……と、こちらも必死であった。孤独な生い立ちで心荒んでいる子どもたちほど、よい授業や文化的な取り組みは、瞬時に心に染み渡ることを目の当たりにした。しんどい環境であっても、灯のように消えずにいる知的好奇心の尊さを肌で感じたことで、教育現場の限界と可能性を知った。

この年、どん底の中で味わった手応えは、後の研究活動に大きく役立つことになる。

国語科の授業研究——スモールステップで「読む」楽しさを

2014年、研究部長として国語科の授業研究をスタートさせた。当時は、指導案の検討会の最中にも、生徒指導対応が必要な案件が続出し、内線が鳴り止まないといった環境であり、学力を向上させる「未来」をイメージするには、はるか遠い状況だった。しかし、まずは子どもたちの「今」を満たすことを最優先とした結果、この頃から無意識のうちに、インクルーシブな配慮や心理的ケアの視点をもった授業づくりに取り組んでいた。

国語科の授業づくりに関しては、テストの点数といった数値目標を追いかけるのではなく、子どもたち自身が「読める」ということ——登場人物の心情がわかって楽しい、筆者が描く情景描写が頭の中で描けて「なるほど」と思える、それを友だちと伝え合うことができて充実感を得られる——そういったことを目指した。

通常の学校における国語科の授業では、本文はもう読めているものとして、黒板には本文とは異なる内容が書かれていることが少なくない。しかし、生野南小の子どもたちの場合、そうした板書を写すのが難しいため、時間がかかり、混乱して迷子になってしまう。

そこで、子どもたちが教科書の文章をまずは「読める」ようにするために、さまざまなスモールステップの工夫を凝らした。具体的には、「モチモチの木」や「ごんぎつね」では、絵本の挿絵をふんだんに用いて、板書が絵本になるような視覚支援を取り入れた。また、子どもたちの手元にある本文と同じものを黒板のど真ん中に張り付けて、矢印を引っ張ったりサイドラインを引いたりしながら、丁寧に読み解いていった。「サーカスのライオン」の動きの多い場面では簡単な劇に取り組んだり、「大造じいさんとガン」ではペープサート（紙人形劇）を用いてガンとハヤブサの空中戦のイメージをつかませた。もちろん、劇や人形劇が目的ではないので、教師が視覚支援教材を用いつつも、子どもたちはそれらを手掛かりにしながら本文に戻らなければ答えられないような発問をする指導案を作ることで、子どもたちに読める力を身につけさせていった（生野南小学校教育実践シリーズ第2巻『心を育てる国語科教育』参照）。

テストではそうした支援はないので、いまだになかなか結果には結びつかないものの、子どもたちは「読む」楽しさは味わってくれているようである。先日も、現任校で同じような実践に若手の教員が取り組んだが、子どもたちが「モチモチの木」の作者の違う本を探して「これは同じ人が書いた本だね」と言って読むようなところまでは進むことができた。

教育現場のベストを尽くす——安全で安心な学校づくり

一方で、授業研究を支える生徒指導体制の整備を急いだ。旧『生徒指導提要』（文部科学省、2010年）を読んでみると、集団指導と個別指導のどちらについても、①「成長を促す指導」、②「予防的指導」、③「課題解決的指導」の3つの目的に分けることができると述べられていた。そこで、生野南小でやってきたことを、この3つに対応させて整理した（図2-1-1の左下の部分）。すなわち、「生活習慣/規範意識」が「成長を促す指導」、「集団育成」が「予防的指導」、「問題行動対策」が「課題解決的指導」である。特に、8割の力を「予防」に置き、2割の力を問題行動への「対処」に充てるという形にしていくと、問題行動自体が減っていくのである。

図2-1-1　生野南小学校における学校づくりの方向性

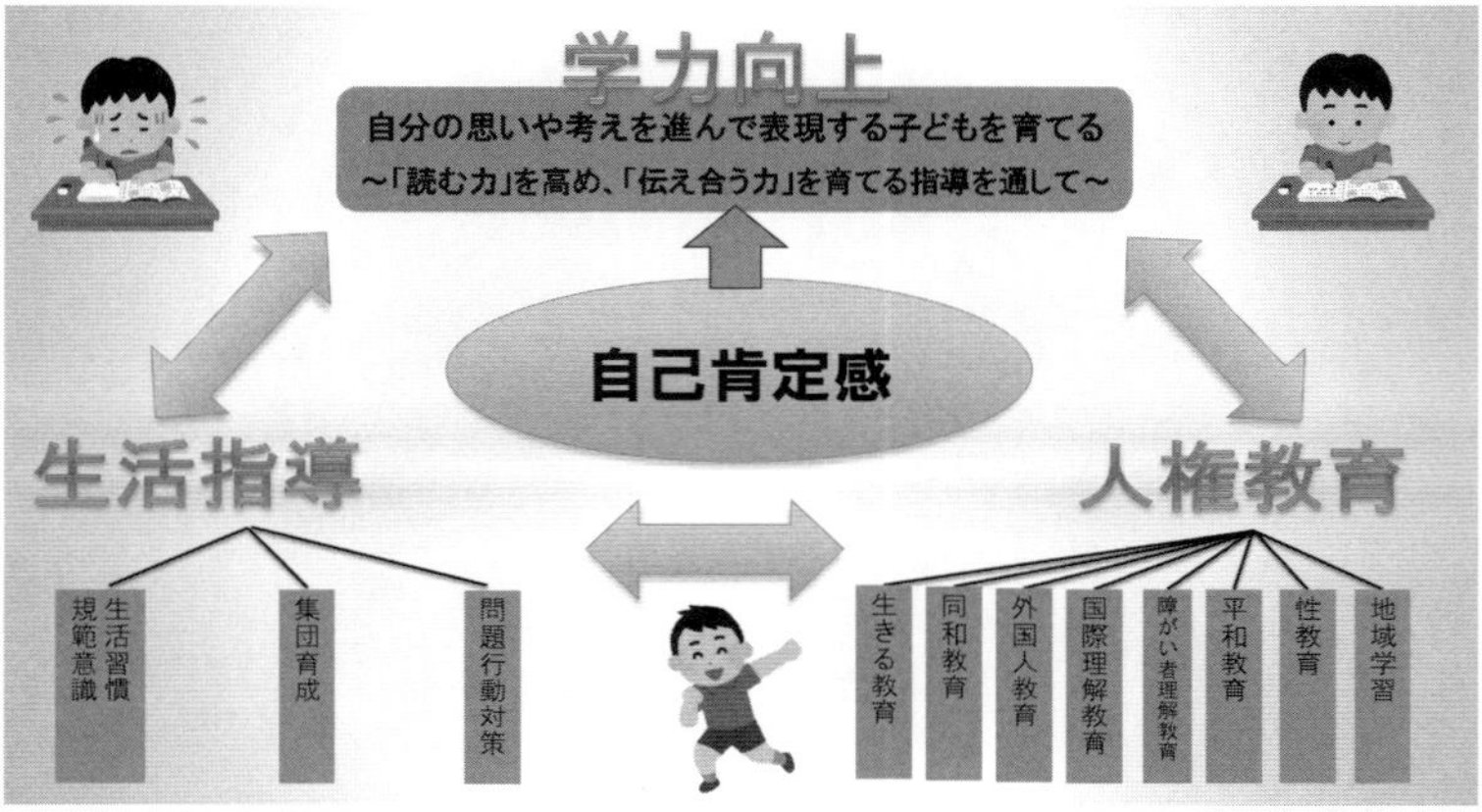

「生活習慣／規範意識」に関しては、保健室の役割がとても大きかった。朝ご飯を食べていない子ども、つめを切れていない子ども、お風呂に入れていない子どもなどについては、学校で「清潔」「安全」「安心」を指導していくという意識を、養護教諭が中心になって教員みなで共有できたことには、大きな意義があった。このことは、その後、「『生きる』教育」の1年生の指導内容として位置づけられていった。

「集団育成」とは、子どもたちがそれぞれに輝ける場（活躍できる場）を保障していくことである（生野南小学校教育実践シリーズ第3巻『子どもたちの「今」を輝かせる学校づくり』参照）。私自身は高学年の担任をしたことが多かったが、学習や運動会で活躍できる子どもは、どうしても活発な子か勉強ができる子になってしまいがちである。しかし、たとえば本好きの社会科に詳しい子どもを「ミニ社会先生」として位置づけ、「先生にも教えて」と助けてもらったり、「6年生を送る会」のお返しとしての器楽合奏では、特別支援の対象となっている軽い知的障害のある子どもに目立つティンパニーを担当してもらったりと、輝けるよう心がけた。

なかには、空気を読めなくて疎まれてしまう子どももいた。私からは「君のこういう行動が周りをいらつかせるんや」などと自分の行動について考えさせ、より適切な行動をとれるように伝えた。ただし、周りの子どもが言うのは「いじめ」になる。「それは先生の仕事だから黙っておいて」と伝え、周りの子どもからの指摘は禁止した。すると1年経つと振る舞いが変わっていった。とはいえ、おそらくつらいこともあるだろうと察して、意識的に活躍の場を提供するように心がけた。

「問題行動対策」については、児童相談所や就学援助、「大阪市こどもサポートネット」など、時に生野区の関係機関や地域の方に助けていただく場面もある。特に大阪市こどもサポートネットについては、「地域のおばちゃん」的な温かい方たちが「こどもサポート推進員」として、学校と連携して課題を抱えている家庭を訪問してくださることもある。いきなり訪問しても家庭から拒否される場合もありうるのだが、うまくつなげばこどもサポート推進員の方々が友だちのように家庭を支えてくださるので大変助かっている。

あるとき、『「生きる」教育』の授業を受けた娘から「お父さんがやっていることはモラハラではないか」と言われ、つらい気持ちを抱えていたお母さんが相談してきたため、こどもサポート推進員の方につないだところ、親身になって話を聞いてくださったということがあった。お母さん自身、ＬＩＮＥでもつながれて、すごく助かったとおっしゃっていた。

ただ、一方で、最後は学校で面倒を見るという覚悟が必要だとも感じている。学校をいち福祉資源として位置づけつつ、支援を必要とする家庭を中心に、学校、区役所、児童相談所といった関係者たちが「エコマップ」（支援を必要とする人やその家族と、関係者や社会的リソースとの関係を表した図）を描くような形で構想を立てる力が、学校には求められる。

「忙しくておもろい教室」をつくる——課題の早期発見を基盤として

現在では、『生徒指導提要（改訂版）』（２０２２年）の内容も踏まえ、生徒指導の構造を図2−1−2のように捉えている。まず、「発達支持的生徒指導」や「課題未然防止教育」は、生野南小でも取り組んできたように「わかりやすい授業」を行い、行事などで「活躍の場」を提供していくこと。田島南小学校（以下、田島南小）の若い先生方もこのあたりは本当に頑張っており、先輩教師たちから授業づくりなど多くを学ぼうとしている。

一方で、指導教諭の立場として私が若い先生方に伝えようと思っているのは、「困難課題対応的生徒指導」、つまり事が起こってから行う生徒指導よりも、「課題早期発見対応」が大事だということだ。子どもたちの問題行動が起こる前には、かならず問題行動なのかどうか見分けるのが微妙な、グレーな状況がある。そこを見抜く、気づける力が教師には求められ

図2-1-2　生徒指導の重層的支援構造

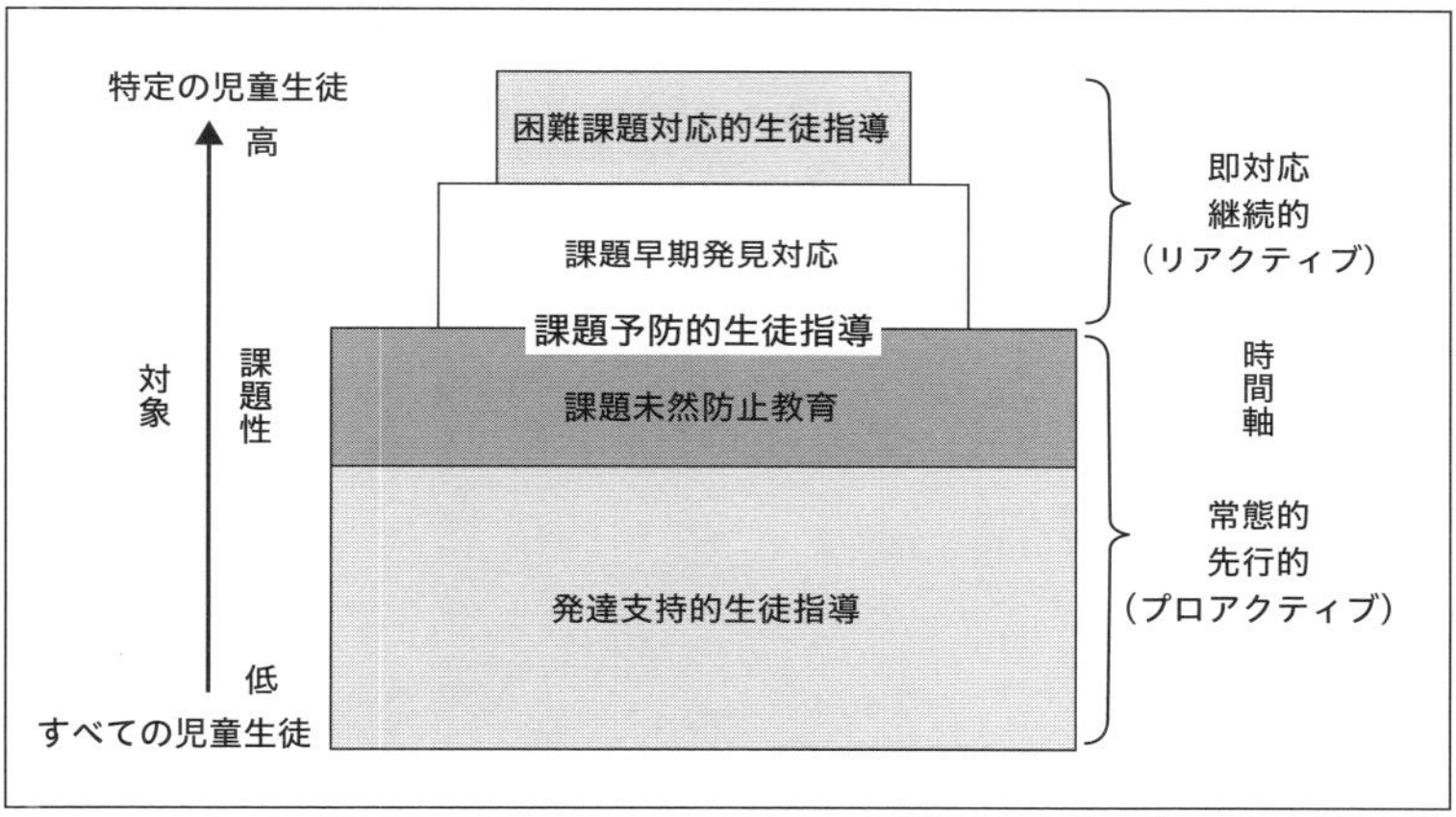

る。まずは、しんどい思いをしている子どもが教師にSOSを出せるかどうか。あるいは、その周りの友だちが、教師に「あの子、困ってんで」と言えるかどうか。もしくは、教師自身がその空気を読み取って、なんかおかしいなと気づけるかどうか。

ある日、6年生の男子B君が朝から猫の糞を踏んでしまったということがあった。それに対して、昼までずっと、しつこくからかっているC君がいた。B君は普段はとても温厚な人格者なのだが、いっぱいいっぱいになって、C君を殴ってしまった。これは、表面的にはB君が加害者になってしまう。でも、根本的な問題は、周りが止めない、本人もSOSを出さない、ということである。さらに厳しいことを言えば、そういう学級づくりをしてしまっている担任――グレーな事態が起こっているのに、黒になるまで問題行動ではないと捉えてしまっていた――が、問題行動の要因だと考えられる。そうなると、傷つくのは子どもたちなのだ。

では、担任はどうすればよいのか。まず、教師は両者の意見を何回も個別に聞き取る。もし違いがあったらすり合わせる。そのうえで、両者、自分の思いを伝え合う。それで必要な箇所は謝罪をする。保護者にも連絡をする。これを毎回やれば、安心感があるから殴るところまでいかない。このパターンでやってくれるという安心感が子どもたちには生まれてくる。これは2011年当時、生野南小の木村幹彦教頭から私自身が教えられた進め方である。

「やんちゃ」をしている子どもを抑えるだけが生活指導ではない。教師たちには、「我慢している子どもがいないか」「力関係で萎縮している子どもがいないか」にアンテナをはっておく力が求められる。もし友だちを我慢させたり萎縮させたりしている子どもたちがいたら、そういう状態は絶対に許さない、ということをベースにもっている教師であれば、きっとしんどい思いをしている子どもたちからSOSを出してもらえるだろう。

もちろん一方で、教師には、年単位、月単位、日単位で、「忙しくておもろい教室」をコーディネートしていく力も求められる。たとえば、家庭科の調理実習と体育のダンスと図工の大掛かりな作品づくりがかぶるともったいない。年間で活動的な取り組みをバランスよく置いて、そのうえで、月単位、週単位、日単位で充実させる。大阪市で毎年実施されるテストの前、11月の1カ月は勉強もしっかりさせなくてはならないが、幸い文化的な発表も多いので、それでバランスを取る。応援団や劇の練習があるときの方が、子どもたちにも張り合いが生まれて、少し詰め込まなくてはならない学習にも耐えられるように思われる。

なお、週単位で授業の準備ができていると、教師にも余裕が生まれる。それができていないと、明日のことしか考えられない。そこは若い先生方が今、苦労されているところだと感じている。

2 人権教育の理念と授業づくりの技術から生まれた「『生きる』教育」

生野区における人権教育

「『生きる』教育」が生まれた背景のひとつとして触れておきたいのが、生野区という地域の特徴である。私自身は、同和教育を中心に人権教育を進めてきた学校から生野南小に転任してきたのだが、同じような課題のある学校でありつつも、生野区ならではの保護者との関わりの厳しさを感じた。当時は、子ども同士のトラブルにおいて学校を頼らず、「わが身はわが身で守る」という考えをもっておられる保護者が多いように感じられる出来事もあった。

生野区は、2024年現在、およそ5人に1人が外国籍であり、その国の数は80カ国に及んでいる。そのうちの約63%が在日韓国・朝鮮人の方々である。今でこそ生野区は基本理念として「異和共生」（異なったまま、和やかに、共に生きる）を掲げ、すべての人にとって住みやすい町づくりを目指しているが、過去の歴史を振り返ると、在日韓国・朝鮮人の方々はさまざまな偏見・差別を経験し、また現在も法律の上では選挙権など権利の違いも存在する。そのような歴史の中で、当時は、差別はおかしいということが十分に教えられないまま育ってきている高学年の子どもたちもたくさんおり、「あいつよりマシ」などと「人の下に人をつくる」ような意識も蔓延していた。

赴任してきた当時からすでに、生野南小では、在日韓国・朝鮮人の子どもたちが本名を呼び名乗る実践が1年生から6年生まで系統的に取り組まれていた。こうした地域の歴史を背負いつつ人権教育に取り組むと、歴史を学んだ際に怒りをあらわにする子どももいて、歴史の深さを背負った町なのだということを痛感させられる。しかし、生野区の郷土史についてしっかり学んでいくと、日韓併合から現代へのつながりも見えてくるとともに、80カ国に及ぶ外国籍の人々が住むワールドワイドな地域であるという豊かさも感じることができる。この地域だからこその歴史をきちんと伝えたうえで、でもそれを乗り越えてきたんだということを教える必要がある。それを教えなければ、人権が保障されないことがおかしいということに気づける価値観も伝えられないのである。

大阪では長年、マイノリティの当事者たちがクラスにいる状態で、人権教育の授業が行われてきた。彼ら彼女らの誇りを傷つけず、ある意味で、そのルーツを讃《たた》える内容の授業である。なお、在日韓国・朝鮮人の方々の歴史については、木村教頭から社会科教師としての知見も教えていただきつつ取り組むことができた。

転機となった2016年夏

こうして学校の「荒れ」は収まったものの、厳しい環境に置かれた子どもたちの表情の暗さ、自己肯定感の低さが気になっていた。そんな折、2016年7月に、公益財団法人「明治安田こころの健康財団」主催「2016年度子ども・専門講座 虐待を受けた子どもの回復に向けた支援のあり方」にて、西澤哲先生（現・山梨県立大学特任教授）の講演を聴く機会を得た。それは、事件を起こした方々の心理鑑定の結果に関するお話だった。「事件を起こした大人たちも、以前は小学生・中学生だったのだ」という西澤先生の言葉がひときわ印象的だった。

同年8月にはNPO法人「児童虐待防止協会」主催「子ども虐待 実践編」にて、橋本和明先生（現・国際医療福祉大学教授）の講演を聴いた。その講演は、身体的・心理的・性的虐待を受けたりネグレクト環境に置かれたりした子どもたちが、なぜ暴れたり自傷行為をしたり性化行動を起こしたりするのかについての基本を教えてくださる内容であり、目から鱗というのが実感だった。

さらに、同月、生野区役所職員向けの夜間自己啓発セミナーで、社会福祉士の辻由起子先生の講演「すべてのこどもの安心と希望の実現のために」を聴いた。辻先生ご自身の経歴はもとより、辻先生が面倒を見ておられる若い女の子たちが、虐待を受けて家を出て、生活するすべもなく大阪日本橋近辺で身を売っているのだというお話は、「福祉現場からの強烈なSOS」として心に届いた。

3人のお話を立て続けに伺ったことで、今、学校でできることを何かしなくてはならない、という思いに突き動かされ、そこから『「生きる」教育』の授業づくりが始まった。

同じ年の夏、もう一つ、印象に残った出来事がある。冒頭で紹介した男の子（A君）は、小学校卒業後、児童自立支援施設で暮らしていた。夏の終わりに研修の機会があり、田中梓養護教諭とともに、その施設を訪問した。子どもたちは、山の中の自然豊かな環境で、24時間、寮父さん・寮母さんがいて、水泳指導を受けたりスポーツにいそしんだり、少人数で勉強したりしていた。A君も友だちと一緒にとても良い表情をして暮らしており、私にもはにかんだ様子を見せた。ところが、授業参観の後でそこの校長先生から、ここを出た後に98％が高校を中退する、という現実を伺った。施設の中では更生できるのだが、外に出ると折れてしまう――迎えに来た保護者の車の中で、すぐにタバコを吸ってしまうような状況になる。なかには迎えに来る保護者の目的が、子どもにアルバイトをさせて金を家に入れさせることというケースもある。働き手としてしか迎え入れないので、愛情に飢えてしまうのだというお話だった。

そのお話を伺い、やはり公教育の中でギブアップしてはいけない、たたかわなくてはならない、施設の先生方も含め、公教育に携わる私たちこそが彼らの人生の土俵際で一緒に踏ん張らなくてはならない、ということを痛感した。

「『生きる』教育」の授業づくり

夏休みが終わると、別所美佐子教諭や田中養護教諭と話し合い、やはり授業をつくらなくてはならない、ということになった。まず1年生では、田中養護教諭が行っていたプライベートゾーンの授業に性虐待防止の要素を織り込んだ。カナダの赤十字が開発したケアキット(c.a.r.e.kit)プログラム(あいち小児保健医療総合センターが和訳して紹介していたもの)が、内容としてピタリとはまった。3年生の「子どもの権利条約」の内容は、別所教諭の持ちネタであり、人権教育の中でもすでに扱っていたものをアレンジしつつ、「おなやみ相談」(受援力)にまでつなげた。5年生では、どう恋愛を扱ったものかと悩んでいたときに、担任していた男の子が、休み時間に「僕がデートするんやったら、噴水で待ち合わせしてな、ミルクティー一緒に飲むねん」と語ってくれたことがヒントになった(「それや!」と大きな声を上げて、びっくりさせてしまった)。そこから、「おでかけプラン」を考えた後、デートDVにつなげるという単元が生み出された。

2017年度は、2年生の生活科で赤ちゃんについて学ぶのと関連づけて、動物の絵本も活用しつつ、人間だけが「アタッチメント(愛着)」を形成してから自分の足で立つんだよというストーリーを伝える内容を構想した。4年生では、ライフストーリーワークのことも知らぬまま、2015年度に、子どもたちに一対一の面接を体験させていた。グループではなく、一対一で話し合うことが子どもたちの心に響くのではないかという予想が見事に当たり、子どもたちは夢中になって話し合っていた。そこで、別所教諭と相談し、面接とキャリア教育をつなげてみようということになった。将来の夢（未来）から楽しく入り、今と向き合うアイテムとして履歴書を書いて、面接をする。さらに、今の自分に足りないものや将来の夢のために必要な「ほしい力」のオークションに楽しく取り組む。よく他校では「二分の一成人式」で自分の歴史を書く実践があるが、生野南小の場合は子どもたちが過去を振り返れば傷つくことがわかっていたので、未来を見据えたストーリー性をもたせるよう留意した。

2016年度に5年生で受け持った子どもたちが、2017年度に6年生になって、別の担任のもとで少し崩れてしまっていた。そこで、西澤先生の書籍から虐待事例を紹介し、「これについてどう思いますか？　この虐待についてどう思いますか？」と問うような授業を行った。若い担任とともに、「卒業する子どもたちをちゃんと見送らないといけない」と考え抜いてつくった授業だった。この時点では、子ども側の視点と大人側の視点が混ざっていたので、子どもたちとの関係性の中で乗り切ったところがあった。このときに、ひとりの男の子は、「人が簡単に乗り越えられへんことを乗り越えてんから、それを自信にしたらいい」と発言した。この名言は、虐待を受けた女の子にすごく響くものとなった。

こうして6学年分の単元がそろったところで、2018年度は、専門家のご意見を伺って歩いた。西澤先生には、6年生の実践について、ダイレクトに事例を扱うのは早すぎるというご指摘をいただいた。また、野坂祐子先生（大阪大学教授）にもお目にかかり、「安全・安心が当たり前だと思ってはいけない」ということを教えていただいた。それにより、1年生の単元では、「安全・安心・清潔って当たり前じゃないよ。あなたの安全・安心・清潔は大丈夫ですか？」というコンセプトを柱とするものへと練り直された。

2019年度には、日本子ども虐待防止学会（JaSPCAN）の兵庫大会で、才村眞理先生（元・帝塚山大学教授）と出会った。才村先生からは、ライフストーリーワークの研修に参加する機会をいただき、また学校でも研修を提供していただいた。

初めて「『生きる』教育」の公開授業に踏み切ったのも、2019年度である。国語と『生きる』教育」の授業を分担して公開することにした。当時の同僚たち全員から賛成が得られたという状況ではなかったものの、保護者や地域の方々、教員や研究者など、多くの人を呼ぶことで逆に取り組みの意義を同僚たちに伝える機会にしたいと考えた。実は、2014年に私を研究主任としてくださった山元ひとみ校長は、当時、「公開授業をするのが夢」とおっしゃっていた。山元校長はすでに退職されていたが、大変な中で学校を支えてくださっていた山元校長の夢をかなえたい、という思いもあった。だれも来なかったらどうしようと生きた心地がしなかったが、幸い、西澤先生や辻先生にご登壇いただいた効果もあって、100

人程度の参加者を得ることができた。――なお、当初は「生（せい）教育」と呼んでいたが紛らわしいので、この頃から「『生きる』教育」という名称に変えた。その後、この名称が広がることとなったものの、私にとっては若干の気恥ずかしさを感じる名称である。

2020年度には、教育実践研究に関する大阪市の支援事業への採択が契機となり、田島中学校（以下、田島中）との共同研究開発が始まった。2018年度に田島中に異動していた田中養護教諭、ならびに紙原大輔教諭、西村建一郎教諭との連携により、夏休みから一気に3つの授業をつくった。紙原教諭と西村教諭にお願いしようと考えたのは、当時、わざわざ小学生にタグラグビーを教えに来てくださっていて、その子どもたちに向ける表情のやさしさや、子どもたちの心を瞬時につかむおもしろさから、「この先生方なら、『「生きる」教育』を実践してくださるのではないか」と感じたからだった。『生きる』教育」のメッセージが伝わるかどうかは、教師たちのパーソナルな人柄の部分に左右される部分がある。田中養護教諭とともに「『生きる』教育」の趣旨を伝え、お願いしたところ、「ぜひ、やりたいのでお願いします」と快諾してくださった――もっとも、断れる雰囲気ではなかったのだとも思う。

中学校1年生については、田中養護教諭が「脳の授業」を引き受けてくれた。2年生・3年生については、教材研究を進め、紙原教諭と西村教諭とともに授業づくりに取り組んだ。特に3年生の虐待の実践づくりにあたっては、私自身、2018年に東京都目黒区で船戸結愛《ゆあ》ちゃん（当時5歳）が両親に虐待されて亡くなった事件から大きな影響を受けた。事件の背後には、結愛ちゃんの母親が夫から受けている深刻なDVがあったという（船戸優里『結愛へ　目黒区虐待死事件　母の獄中日記』小学館、2020年）。

「『生きる』教育」の初めての中学校での実践も含め、広く世に問いたいと考え、夏に授業をつくって、9月には何とか授業公開にこぎつけた。3年生を担当した紙原教諭は、授業の中で、「『人』はひとりではない」「社会の中で生きている」「みんなと生きている、そう思える世の中に」という名言を生み出してくださった。「人はひとりではない。孤独ではないです。社会の中で生きています。いろいろなルールがあったり、法律とかがあったりします。友だちとか助けてくれる人が必ずいるので、やっぱりそう思える世の中に、みんながそう思って幸せに生きてほしいなということを伝えたくて、この授業をしました」と語りかける紙原教諭の言葉に真剣に耳を傾ける生徒たちの姿を見て、私も「ついに、ここまでやり切れた」という思いで泣かずにはいられなかった。

中学校3年生で「虐待」の問題を親の視点から扱う授業が行われるようになったことで、小学校6年生では子どもの視点に焦点を絞ることが可能となった。コロナ禍中ではあったが、西澤先生にも来ていただいて、11月には小学校の公開授業でリニューアルした授業を公開できた。さらにこの年度には、障害者理解教育にも取り組みたいと考え、2月ぐらいから4、5人の同僚たちと、「考えよう　みんなの凸凹」の授業を開発した。

2021年度、生野南小の最終年には、6年生で単元「世界中の子どもたちが笑顔になれる方法を考えよう」を開発した。2022年3月に、辻先生の紹介で『生きる』教育」に関心をもった政治家や官僚の視察が入ることになり、急遽《きゅうきょ》、つくった単元である。ちょうどロシアとウクライナの戦争が始まり、社会科で紛争の授業を行うときに、世界で起きている戦争・紛争、宗教的な対立や国連を扱ったうえで、日本にフォーカスしていくような授業をつくりたいという思いがあった。福祉のことを学ぶ中でジェノグラム（3世代以上の家族や親族の関係を示した関係図のこと）を知り、当事者でなくてもジェノグラムからエコマップを描けるような大人を育てる授業を目指した。別所教諭、田中養護教諭とともに、夜なべして大量の「職業カード」を作り、授業に間に合わせた。この単元は、後に、田島中学校3年生の単元「社会における『子どもの権利』」として位置づくこととなった。

田島南小中一貫校における「『生きる』教育」の展開

2022年4月、生野南小・田島小・田島中は統合され、田島南小中一貫校（正式名称は田島南小学校・田島中学校）としてのスタートを切った。幸い、「『生きる』教育」は生野区にも認められ、新設校の柱の一つとして位置づけられた。

新設校で「『生きる』教育」の授業に取り組もうとしたときに、新しい同僚からの賛否両論に直面することとなった。なかでも、ある教諭には、「自分は実践したくない」と明言された。同僚たちとのやり取りの中で実感したのは、「『生きる』教育」は、時に、教師たち自身の心をも大きく揺り動かすものになってしまうということだった。別の同僚からは、期せずして、ご自身の抱える心の傷を吐露され、その話し合いの中で、子どもたちに伝えたいことは何なのかがより深められていった。

そこで、2022年度は、無理にすべての学級で公開授業をするのではなく、各学年1クラスずつの公開授業とした。また、このときには6年生で「お金の授業」を取り入れた。実際にかかる出費を想定しつつ、自分の理想の生活を考えるような金銭感覚を磨く授業を、別所教諭が開発した。

2023年度の公開授業は、初めて2日間に分けて開催し、おかげさまで大盛況となった。子どもたちのアイデンティティが小学校3・4年生で大きく揺らぐ姿、また、中学校では(どの中学校でもそうだと思うが)性や暴力、支配や依存というところに悩む姿を教員間で共通理解したことで、全学級で公開授業に踏み切ることができた。

この年はSNSを扱う部分を練り直し、小学校5年生では「みんなで考えるオンラインルール」の授業、中学校2年生で「思春期における情報モラル教育」の授業を公開した。子どもたちをめぐるSNSの状況は急速に変化していくため、油断すると内容が〝化石〟化してしまう。2023年7月に、タレントのryuchell(りゅうちぇる)さんの訃報に触れたこともあり、情報にさらされている若者たちが感じている同調圧力や承認欲求、さらに傍観者として人を傷つけているかもしれない実態は「いじめ」と同じ構造であることを扱いたいと考えた。匂わせ投稿や微妙に意地悪なコメントの付け方といった近ごろ見られるSNS文化は、正直なところ、昭和生まれの私にはまったくわからない。そこで、若い同僚たちに集まってもらって、いろいろダメ出しをしてもらい、教えてもらいながら教材を作り上げた。竹内和雄先生（兵庫県立大学教授）からも、最新の動向を教えていただいた。

また、中学校3年生「社会の中の親と子──子ども虐待の事例から」の授業は石田祥子教諭が担当した。そこでは「愛する」ということをほかの言葉で言い換えるとどういうことかを話し合う活動が新たに取り入れられ、「大切にされる」「生かされること」「優先」「ほめられる」「自分の居場所がある」「心配してもらえる」「ホンマにアカンときにアカン！って言ってもらえる」といったアイデアが生徒たちから出された。また、ジェノグラムとエコマップをつなげる授業は、「社会における『子どもの権利』」の授業として3年生に位置づいた。

中学校2年生「思春期における情報モラル教育」の授業は、美術科教員の櫓崎祐也教諭が担当した。授業に至るまでに、言葉のもつパワーやいじめの構造について徹底的に調べ尽くして臨んでくださった。授業が始まり、教室が静まり返った瞬間がある。それはテレビドラマ「しょせん他人事ですから」（テレビ東京系列）第7話の紹介だった。ある男子中学生が面白半分で女性のゲーム配信者に誹謗中傷のコメントを送って訴えられてしまう。加害者の遊び感覚という軽薄な価値観と、被害者が負ったトラウマによる日常生活の破綻と精神的に追い詰められていく様子は、生徒たちには決して他人事ではない、身近な現実として捉えられた。

授業づくりの段階から、檜崎教諭は「このドラマで唯一、加害者を止められる人はだれでしょうか?」という発問にこだわっていた。人からどう思われるのだろうという気持ちが高まる思春期とコロナ禍の影響からか、面と向かった言葉でのコミュニケーションが苦手な学年の生徒たちに、リアルな関係の中で互いを理解する力を養いたいという強い気持ちを感じた。

その発問に対して「加害者の隣にいた友だち（観衆）」と答えたのは、時々トラブルを起こしては指導を受ける男子生徒であった。教材開発にこだわり、『生きる』教育」に初めて挑んだ檜崎教諭の学年主任としての責任と、生徒たちの可能性を信じたからこそ生まれてきた答えであったように思う。

改めて、授業は「人」がつくるものなのだと感じる。教師たち自身が自分の生きてきた人生において抱いている「願い」を込めて伝えるからこそ、日常の中で見過ごされてしまいそうな不幸の種にちゃんと「え?」と立ち止まり、大きく揺さぶられるような授業になるのだと思う。

3 教師たちをエンパワメントする学校づくりを目指して

実践づくりを振り返って——子どもたちが活躍する授業づくり

振り返ってみると、「『生きる』教育」を生み出すことができたのは、田中養護教諭と別所教諭と私の3人が同じ学校で働いていたという出会いが大きかった。3人の共通点は、いずれも昭和の体育会系、スポ根系の人間だという点だろう。ここ一番、頑張らなくてはならないという場面では、実践づくりという大変な作業にネジ1本外すぐらいの勢いで取り組むことができた。

田中養護教諭は、養護教諭として保健分野、特に「性教育」について徹底的に学んできていた。別所教諭は、人権教育が「趣味」だと言いつつ、長年にわたり研究を続けられている。2人の専門的な知見がなければ、『生きる』教育」を生み出すことは到底無理だった。

私が貢献できた部分は、授業づくりだろう。子どもたちに身につけてもらいたい知識と価値観を明確に目標として設定し、子どもたちが夢中になって忙しく取り組む授業、習得したことを活用できる授業をつくりたいと、工夫を凝らしてきた。その際には、小学校教育研究会の算数部で先輩の先生方から教えていただいたことが基盤となった。また、生野南小の国語科教育の研究の中で、スモールステップを取り入れる工夫を重ねたことも活かされている。小学校3年生の授業での「大人だけ？　子どもだけ？　どっちがどっち？」のようなカードゲームを作ったり、5年生でデートプランのお話づくりに取り組んだり、中学校2年生でデートDVを扱ったマンガをコマごとに切り離して分析したりといったさまざまな手法は、国語科教育の授業研究で生み出されてきたインクルーシブな手法を応用したものである。

「『生きる』教育」の魅力の一つは、苦労している子どもたちが話し合いをリードできるということだ。普段の勉強では活躍できないような子どもたちでも、『生きる』教育」では、人生の先輩のように話し合いをリードできるようにもっていく。田島童園にいる子どもだけでなく、おうちの人が忙しくて少し寂しい思いをしている子どもにも、「この点、どう？教えて」と問いかけたり、「よく頑張っているよね」とねぎらったりすると、「そうやねん」と語り始めてくれる。

２０２２年10月から２０２４年3月にかけて『生野南小学校教育実践シリーズ（全4巻）』を刊行した際には、「『生きる』教育」に理論的基盤を提供してくださった先生方に執筆していただけたことが本当にありがたく、希望をもらった心地になった。本のことを知った田島童園の子どもたちが、「私たちがいたから、こういう授業ができたんやな」と誇らしそうに言ってくれたことにも、目頭が熱くなった。

今後に向けて

今、「『生きる』教育」を全国に広げようと願ってくださる方々が増えているが、一方で、そういう願いをもってくださるのは、教員でない方が多いと感じている。それは、教員をエンパワメントするような力を、多くの学校が失っているからではないだろうか。急速な世代交代で若手教員が増えていたり、「働き方改革」をしなくてはならなかったりと、多くの学校は課題山積で余裕がないのだと思う。

私自身が異動する選択肢もあった中で、統合後の田島南小中一貫校に残った理由は、とにかく田島童園にいる子どもたちが安心して人生のスタートを切ることができるように……と願ってのことだ。

生野南小の取り組みを、西澤先生はトラウマ・インフォームド・エデュケーション（トラウマを認識した教育）と名付けてくださった。しかし、教師たちがトラウマ・インフォームド・エデュケーションに取り組むには、教師たち自身がエンパワメントされるような学校にする必要がある。そういった学校の「体力づくり」が、今から私が取り組みたいことだ。

現在、私は、**図2-1-3**に示したような構想のもと、指導教諭として若手教員育成の仕事に携わっている。子どもたちに「わかる授業」を行うことで、子どもたちが伸びていくことが、教師にとっては一番の喜びだ。そういった喜びを味わえるような力量を身につけるための支援を、若手教師たちに提供していきたい。

悲しい生い立ちを抱える子どもの暴力や暴言に、苦悩しながらも立ち向かう姿。手がかかる子どもの小さな小さな成長を喜ぶとびきりの笑顔。保護者対応に傷つき、うなだれている後ろ姿。子どもたちの晴れ舞台を目指し、一緒に鏡の前で流す汗。勉強が苦手な子どもに膝をついて声をかけている姿。研究授業での高いハードルを越えるため、夜遅くまで聞こえる練習の声。運動会のダンスを朝礼台の上から見つめる真剣な横顔。人の痛みを教えるために、全力でぶつかる立ち姿。子どもの頭をなでながら見せるやさしい笑顔……。

図2-1-3　田島南小中一貫校の学校づくり

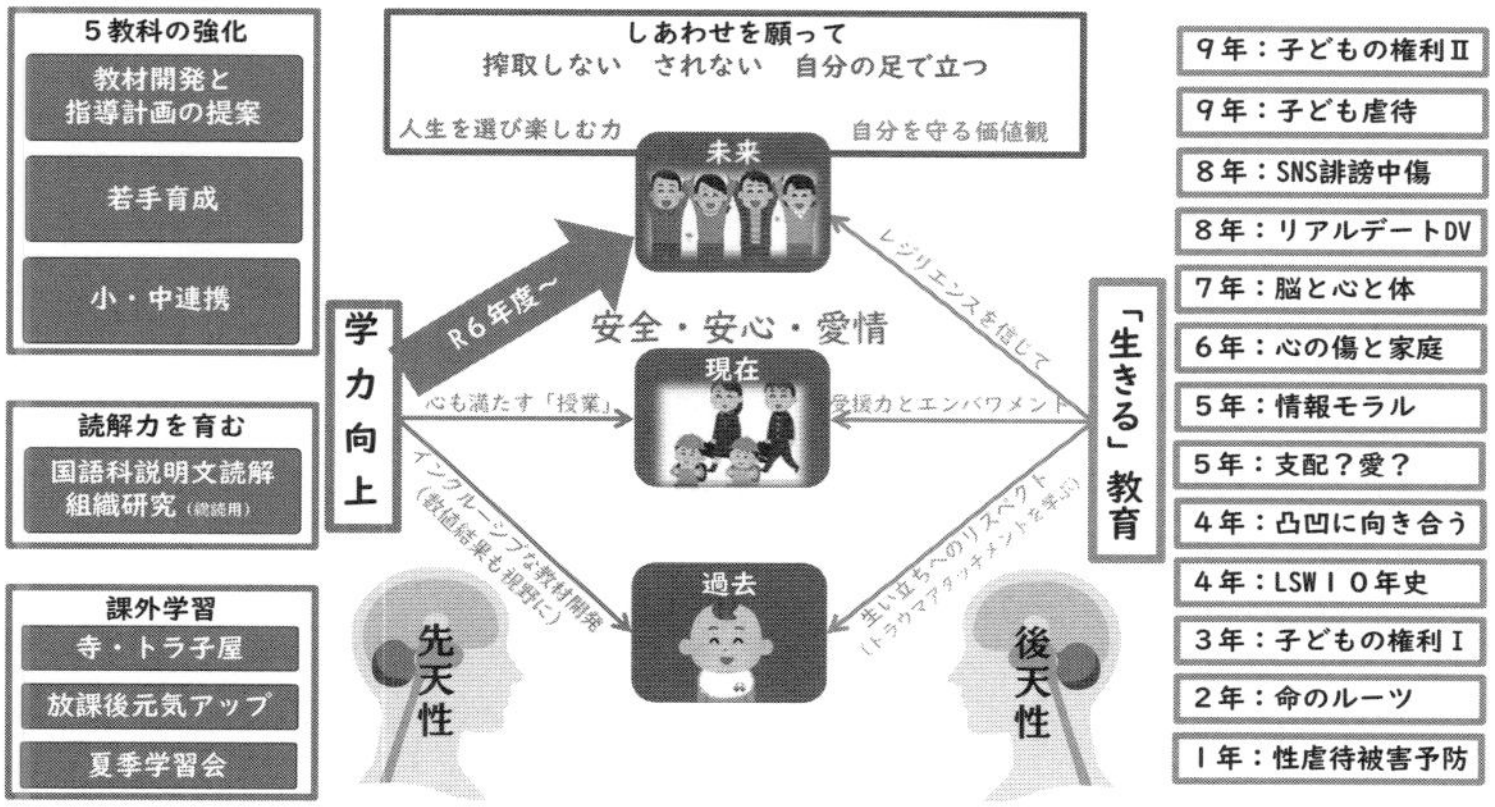

若い先生方にこそ、泣いて笑って、かけがえのない「今」を、全力で生きてほしい。「青臭いことをするために教師になった」、そんな先生方が、心からこの仕事を楽しめるようにするにはどうすればよいか――それを導き出せたとき、『「生きる」教育』を受け入れてくださる学校が増えるのではないだろうか。暗中模索の最中であり、たどり着ける答えなどないのかもしれないが、この仕事を離れるときまで考え続け、仕事で示していきたい。

社会情勢は学校現場にもダイレクトに現れる。しかし、こんな時代だからこそ、教育によるエンパワメントが必要なのだと思う。何を教え、何を問い、どんな価値観を育てるべきか。

今改めて、「授業の力」を信じる。

2　『生きる』教育」と人権教育

大阪市立田島南小学校主務教諭　別所美佐子

（事例は設定の一部を変更、カタカナ名は仮名です）

子どもたちの「最高のしあわせ」のために

「暴力をされて、生きていくこともしんどい、となって、もう死にたいとか思うくらいやったら、『あらゆる暴力から守られる権利』が一番大事と違うん？」

「でもな、暴力は、いろんな方法でなくせるかもしれへんけど、死ぬことはなくせないやん。だから、『生きる権利・育つ権利』が一番大事やと思う」

子どもの権利条約を学び、「自分にとって大切な権利」の1位を班のみんなで決める話し合い活動の一場面で出てきた会話だ。

毎年、「『生きる』教育」の中で「現在の自分を考える」学習として位置づけている「子どもの権利条約」を、本校では3年生で教えている。権利条約のカード10枚の中から1位～10位までのランキングを考える活動は、毎年、子どもたちの話し合いが盛り上がる時間となる。常にトップに上がるのは、「第6条 生きる権利・育つ権利」と「第9条 親と一緒にいる権利」「第2条 差別されない権利」で、児童養護施設で生活する子どもたちのほとんどが「親と一緒にいる権利」のカードを握りしめて離さない。

「まずは、生きていないと何もできないから」「生きていれば、いつかは親に会えて、一緒に暮らせるかもしれないけど、死んでしまったら親に二度と会えないやん」「親と一緒にいられなくても、童園（校区内にある児童養護施設・田島童園の略称）で育ててもらえるから、『生きる権利・育つ権利』の方が大切やと思う」というような理由で、「生きる権利・育つ権利」を1位に掲げる派に対して、「親と暮らせてる人はいいかもしれないけど、私は親と一緒に暮らしたい。だから絶対に『親と一緒にいる権利』が一番大事やねん！」「家族といられないなら、ご飯も食べられへんし、死んだ方がまし！」と声高に訴えたり、「だって、ママと一緒にいたいねん」や「本当は家に帰りたい」と小さくつぶやいたりして、「親と一緒にいる権利」を掲げる子どもたちもいる。普段、みんなの前で自分の寂しさを話したことがない子どもたちが、この話し合いをきっかけにして自分の気持ちをこぼし始める。

「先生、1位決められへん。どっちの気持ちもわかるから……」という同じ班のメンバーからの声が上がり、「ここまで話し合ったんなら、どっちも1位でいいよ。この話し合いは1位を決めることが大切なんじゃなくて、自分の気持ちを話し合えることが大事なんやからね」という私の言葉に、「あーよかった！　じゃあ、どっちも1位で！」と、みんながほっとしたような笑顔になる。「でも、ほかの班もみんな一生懸命話し合っているから、なんで2つとも1位にして、1つに決められなかったのか、理由はみんなに説明してあげてね。大丈夫、さっきの話し合いの様子を伝えたら、みんな、きっと納得してくれるから」という提案に、だれがどの意見を説明するのか再び話し合いが始まる。

冒頭の子どもたち4名の話し合いでは、やはり出てきた「第6条　生きる権利・育つ権利」を推す3名と、大抵2位や3位くらいにランキングしやすい「第19条　あらゆる暴力から守られる権利」を推す1名との闘いになった。

祖父からの暴力を訴えてきたリョウ

前述の話し合いで「あらゆる暴力から守られる権利」を訴えたリョウは、「子どもの権利条約」の第1回目の授業で第1条から第40条までの子どもの権利を学習した後、礼のあいさつもそこそこに、私の服を引っ張ってきた。

「別所先生、ぼく、おじいちゃんにたたかれたり、蹴られたりしてるねんけど、これってぼくの権利が守られてないってことなん?」と、真剣な瞳が訴えてきた。「本当はどんな理由があっても、子どもたちがたたかれたり、蹴られたり、ひどい言葉で叱られたりすることはアカンねん。どうしたん、くわしく教えてもらってもいい?　話せる範囲でいいからね」と促し、人気の少ない場所に移動すると、彼は話し始めた。

よくよく話を聞いてみると、週末に両親が仕事で家を空けるときに、兄弟で祖父の家に預けられることが多いらしく、祖母や兄がいない場所で2人きりになると、そういった暴力を受けていたことがわかった。幼稚園の頃に何が原因かは覚えていないが、頭をたたかれて以来、祖父のことが怖くて、話しかけられてもあまり返事ができなくなってしまったのだという。返事をしないと、「なんで無視するねん」と怒られる。自分の心の中で、祖父に対する恐怖が募る一方だったという。

「あまりにひどいときは、もう死にたいとか思って、車の方へふらふらと行ってしまいそうになったこともある」などの気になる言葉も出てきて、いつも明るいリョウがそんな悩みを抱えていたことに、さらに驚いた。「教えてくれてありがとう。死にたくなっても、ぜったいに死んだらアカン！　自分で死んでいい命は、どこにもないねん。死にたくなる前に、何とかしよ。今、話してくれて本当によかったよ」と彼に伝え、そして、保護者にどのようにして話をもっていくか、クラス担任とともに対策を練った。

まずは、本人の希望でもあったスクールカウンセラーへのつなぎをきっかけにして、保護者へ連絡を入れてもらうことにした。そして、その電話の後半で私に代わってもらい、電話に出たリョウのお母さんへ子どもの権利条約の学習の中で、「子どもは虐待などの暴力からも守られる権利がある」といったことを説明した際に、リョウの口から虐待の話が出てきたことを、それとなく伝えた。

すると、少し間をおいて受話器越しにお母さんのため息が聞こえた。「先生、それ、ホンマの話やと思います。私も子どもの頃から、今でいう虐待みたいなことされてたから……。あの人、まだ、自分のいら立ちで子どものことたたいたりしてるんや。最低や!」。お母さんが声を詰まらせながら発した言葉が、リョウの心に届いてほしいと切に願った瞬間だった。お母さんには、リョウには私から聞いたということは内緒にしてもらって、「何か、相談したいような心配事や悩み事があるの？」と、まずはリョウの気持ちを聞いてあげてほしいとお願いすることにした。

翌日、リョウの様子を見にクラスへ行くと、彼は、私の顔を見つけるなり飛んで走ってきた。「先生、昨日な、お母さんにおじいちゃんのこと話しすることができてん！　今週の土曜日は、おじいちゃんのとこ行かんでいいって！」との第一声から、お母さんとリョウの話し合いがうまくいったことがわかった。

次に、リョウのお母さんと直接話をする機会を設け、その際には、子どもの頃は我慢するしかなかった自身の父親の暴力に対する怒りと悲しさが、お母さんの涙と共に出てきた。「でも、先生。リョウとうちの父親が家族である以上、これからずっと顔を合わせないというわけにはいかないでしょ。もちろん、父には子どもへの暴力は絶対にしないという約束をしてもらい、それが守られなかったら、リョウには会えないと言います。でも、あの子の態度も見直さなアカンと思います」と、担任と相談して出した方針と同じ答えがお母さんから返ってきた。

「お母さん、リョウちゃんとお父さんとの板挟みでおつらいですね。でも、今、リョウちゃんの心を支えられるのは、やっぱりお母さんなんだと思います。私たちにできることがあれば何でも言ってくださいね」と今後も連絡を密にするよう約束をして、面談を終えた。

それからはリョウの顔を見かけるたびに声をかけ、祖父との関係性を確かめるようにした。その後、お母さんが「子どもに暴力を振るっている限り、子どもを安心して預けられない」とはっきりと自分の父親に申し出てくれたと聞き、リョウには、「お母さん、リョウちゃんを守るためにがんばってくれたんやね。お母さんにとっては、2人とも大切な人やから、おじいちゃんにそういうことを言うのはとても勇気がいったと思うよ。おじいちゃんのつい手が出てしまったとか、蹴ってしまったとかがおさまってくれれば、リョウちゃんも怖い思いをしなくてすむね。でも、そのためには、リョウちゃんもおじいちゃんに呼ばれたときはちゃんと返事をしたり、えらそうな態度をとらないようにしたりと、自分が気をつけなアカンとこは直していこね。だって、無視されるのって、大人でもつらいんやで」と話した。

話し合い、考え抜いて伝えた言葉は

この年の「子どもの権利条約」のランキングのバトルの口火を切ったのは、リョウと同じ班で負けず嫌いな性格のニコだった。

「暴力から守られるっていうけど、もし、何か暴力なことされたら、お母さんかお父さんに言ったらいいやん」「それが言っても変わらへんねんって」とリョウ。「じゃあ、先生に言ったらいいやん」「それは、もう言ってる」。そんなやりとりの後に「じゃあ、いいやん。やっぱり『生きる権利・育つ権利』が1位でいいよな」と言ったのは、勝負ごとになると人が変わる、これまた負けることが嫌いなトオルだ。「なんでやねん。暴力って痛いねんで。怖いねんで。それは絶対にアカンやろ！」というリョウに、「じゃあ、おじいちゃんか、おばあちゃんに相談したら？」と言ったのは、「生きる権利・育つ権利」を推している3人目で、おっとりした性格のハルカ。「それが、一番アカンねん！　そのおじいちゃんにたたかれたり蹴られたりしてるねんで！」とヒートアップしてきたリョウの言葉に、3人とも息をのむ。「えっ、うそ。マジなん？」「うーん。じゃあ、童園は子どもを守ってくれるところやから、行ってみれば」というトオルをきっとにらみつけ、「確かに童園は子どもを守ってくれるところやけど、そういう問題じゃないんやって。家におって、暴力されへんのが大事なんやろ？」と主張するリョウの言葉に返されたのが、冒頭の「でもな、暴力はいろんな方法でなくせるかもしれへんけど……」というニコの発言だった。

最初は自分の意見を通したいといった感じだったが、リョウや自分の気持ちを思い、考え抜いて出したニコの言葉のように思えた。そして、自分の受けてきた身体だけではなく、心の痛みをも訴えるリョウの真剣で重い言葉に共感したハルカが「先生、1位決められへん」という降参の手を挙げ、その訴えに救われた気がした。

「『生きる』教育」を始めてから毎年このランキングの話し合いを見てきたが、ここまで白熱したバトルは初めてだった。3年生というまだ幼い子どもたちが、どこまで自分ごととして話し合えるのか、という心配は見事に裏切られ、この子たちを支えているのはまだ覚えたばかりの「第12条　自分の意見を言う権利」であり、だからこそ、子どもの権利を学ぶことの必要性を強く感じることができた場面だった。そして、3年生という幼い年齢だからこそ、素直に自分の困りごとを話すことができたのだとも思う。

「子どもの権利条約」は難しい？

「子どもの権利条約」を日本が批准した1994年は、私はまだ小学校教諭になりたての2年目。日本のメディアでもいろいろと取り上げられ、職場でも先輩の先生方が、やっと「子どもの権利条約」の批准が行われた！と盛り上がっている中、いったい何がすごいことなのかあまりよくわからず、当時の同和教育主担者（現・人権教育主担者）の先生に教えてもらったことを理解することがやっとであったように思う。

高学年を担任するベテランの先生方が、ユニセフ版の「子どもの権利条約」のカードを用いて4つの種類に分けたり、自分が好きな権利のランキングをしたりして、ユニセフが紹介している授業を率先してやってみせてくれ、当時の私たち若手にいろいろと教えてくださったことを覚えている。そして、確かに権利の内容は、子どもたちが生きていくためには必要なことが書いてあるが、当たり前のことばかりで、書いてある内容が難しいものもあるな、と当時勉強不足だった私は、そんなイメージをもったことも覚えている。だからこそ、40条もある子どもの権利について理解することは、ある程度、言葉の意味や世界の子どもたちの状況が理解できるようになる高学年にならなければ難しいのではないかと、私は密かに思っていた。実際、年月を重ねるうちに「子どもの権利条約」という名称すらあまり聞かれなくなり、その存在すら知らない若手教師も増えてきていたように思う。

少なくとも、私自身は「子どもの権利条約」という子どもを守るための約束が世界規模で締結されていることの重大さは、先輩方のおかげで理解できていた。だから、自分が6年生の担任になった年は、社会科で国連やユニセフの言葉が出てきたときに「子どもの権利条約」の内容を教えてはいたが、自分の中で気に入った権利についてランキングをするくらいで、学びを深めるほどではなかった。

「子どもの権利」を４つの種類に分ける

授業化に本格的に取り組む

２０１９年に国連子どもの権利委員会から4度目の勧告を受けた日本が、２０２３年4月に「こども基本法」を施行し、「こども家庭庁」ができたことをきっかけに、最近「子どもの権利条約」の名称をよく聞くようになった。しかも、２０２４年は奇しくも日本の批准から30周年であった。

これからもっと、今まで以上に「子どもの最善の利益」を考えていかなければならないのだが、２０１６年度に『生きる』教育」を始めた当初は、正直言って行き当たりばったりの「とりあえず子どもの権利条約を子どもたちに教えてみようか」ぐらいの意識しか私にはなかった。３年生で始めることになったきっかけは、単純に「子どもの権利条約」が子ども自身に関係する権利を学ぶ教材であるということと、生野南小学校に転任してきた当時、私が3年生の担任だったたからだ。

高学年しか無理ではないかと思い込んでいた学習を3年生でするには、まず最初に40条ある権利の内容をもっとわかりやすく簡単なものにする必要があった。ユニセフ版の子どもの権利条約を大筋の下敷きにして、さまざまな人が訳した子どもの権利条約の本を参考にさせていただいた。特に批准した当時にテレビの報道番組「ニュースステーション」（テレビ朝日系列）で紹介された一般の人たちが翻訳した子どもの権利条約や、世界人権宣言八尾市実行委員会（世人やお）が作成された冊子『かっぱのかわたろう語訳 子どものけんりじょうやく』（かっぱのキャラクターが大阪弁で語るもの）がおもしろく、わかりやすかったので、内容そのものというよりは、言葉の省き方や変換の仕方を参考にさせていただいた（和訳については、西澤哲先生（山梨県立大学特任教授）からのご指摘をはじめ、さまざまな方のお知恵をお借りして改訂を重ねている途中である）。

とりあえず、1年目は「子どもの権利条約」の第1条から第40条までを簡単に説明し、当時ユニセフが薦めていた4つの柱のグループ分けを4人一組の班で行い、選んだ10個の子どもの権利をランキングするグループ活動を行った。言葉がわかりやすくなった分、子どもたちの興味・関心も高く、特にランキングでの話し合い活動は、楽しく取り組むことができた。

翌年の学年も再び3年生の担任となり、「第1条　子どもの定義」である〈18歳になっていない人を「子ども」とします〉という文章を逆手に取り、「じゃあ、18歳を超えたらどんなことができるんだろうって、子どもたちに考えさせるのっていいんじゃない？」という小野太恵子教諭の助言のもと、「18歳になったらできること　祝18歳」の活動が加えられた。ここで、「18歳になったらどんなことができるようになると思う？」という発問に対し、「車の運転免許が取れる」「結婚ができる（当時は男女によって年齢が違ったが）」などの答えに紛れて、（なぜ知っている？という）「キャバクラ！」「スロットできる！」「パチンコ行ける！」という子どもたちの名（迷）せりふが生まれたのである。

「自分は守られていたんや」

そして、この年で忘れられないのは、「第20条　家や家族をなくした子どもについて（家庭を奪われた子どもの保護)」の内容を「いろんな事情で、家族と一緒に暮らせなくなったときや、家族と離れた方がその子どもにとってよい場合には、代わりの保護者や家庭を用意してもらえるなど、国から守ってもらえるんだよ」と説明したときのことである。当時田島童園で生活していたユキが、「ユキ、童園に入れられたと思っていたけど、守られていたんや」とぽつりとつぶやいた声を私の耳が拾ったとき、彼女の切なく、でも少しホッとしたような温かい声音に思わず涙がこぼれそうになった。

自分がなぜ、今ここにいるのかずっとわからず、だれにも聞けず、兄弟姉妹が多い家庭に生まれた彼女は、同時期に保護されたお姉ちゃんたちが家に戻った後も、自分1人だけ田島童園に残り、そのまま家族と離れて暮らしていた。なんで自分だけ帰れないのか、ほかのきょうだいたちはお母さんとずっと一緒にいられるのに。聞きたくても聞けなかった彼女の心のもやもやに、この第20条の言葉が沁みこんだのだ。

「そうやで、ユキちゃんが少しでも楽しく暮らせるように、童園の先生たちがみんなユキちゃんのことを守っているんやで。童園は、子どもを守ってくれるところやからね!」と私が泣きそうになりながら、少しでも彼女の心をやさしく包みたくてクラスのみんなに話したときのことが忘れられない。照れくさそうに、恥ずかしそうに少しほほを緩ませてうつむいてしまった彼女の姿を、今でも鮮明に覚えている。そのときから、子どもの権利条約の第20条を説明するときには、必ず「童園は、子どもを守ってくれるところやねん!」と言うようにしている。その後、彼女は田島童園の先生方の「まだ、早いのでは？」という多くの心配を残しながらも、家族再統合として家族のもとへ帰っていった。今、高校生になったであろう彼女が少しでも幸せでいてくれることを、切に願う。

その後、世界の子どもたちの様子をもっとわかりやすく説明するべく、児童労働や子ども兵士、難民キャンプの問題や先住民や少数民族などについてクイズ形式で紹介する活動を増やしたり、「通学路」をテーマにさまざまな国々の様子を絵本で紹介したり、日本の子どもにできることを大人と比べてカードを分けながら考えたりする活動を入れはじめた。さらに、最後に守られていない権利について気づける目を養い、自分の生活の中で守られていない権利に気づいたときの対処法としての「受援力」をつけることを教えるところまでを「子どもの権利条約」の学びとした。

「子どもの権利を知る」権利が子どもにはある

現在の道徳教育は修身と呼ばれる戦前の道徳教育の流れを汲むため、やさしさや思いやり、命の大切さや人と人との付き合い方・マナーなどに重きを置くが、人権教育は、たたかいの歴史を教える教育だと私は先輩の先生方から教わってきた。声なき声を拾い集めて、当時の歴史の覇者が理不尽な理由で人々を貶めてきた真実を知り、なすすべもなく弱者とされてきた人々が、それでも自分たちの誇りを失わず、どのようにして他者と関わり、生活を支えてきたのかを考える教育だともいえる。さまざまな差別の実態を知ることで、これが差別意識なのだと見抜く目を養い、相手との違いを認め合い、その個性を尊重することを学んでいくことが大切である。

その中でも、もし差別事象に気づいたとき、悲しんだりやさしく寄り添ったりするだけではなく、差別を許さないという強い意志をもって、人間として生きる当たり前の権利を守るためのたたかいを起こすことは、「知識」や「人とのつながり」という武器を得て、自分の生き方を考えていく「『生きる』教育」とかなり似ているともいえる。

「『生きる』教育」は、自分自身だけでなく、他者も尊重し、だれもの生命を守っていくために必要なことを教えていくものでありたいと思う。3年生で「子どもの権利条約」をきっかけに、自分がこらえていたつらさや悲しみを相談できたように、4年生でも自分の悩みを友だちに話す活動を取り入れることで、自分自身も気づいていなかった感情をゆさぶられ、自分と相手の気持ちに誠実に向き合うことを体験する。2年生では、お母さんのおなかの中で、外の世界に生まれ出てくるまでにもたっぷりの愛情を得て守られてきたことを知り、生まれてからは、いろんな人からの「抱っこ」という、単純であるがこの上ない愛情を受けてきたことを学ぶ。そのことをきっかけにして、今の自分を大切に思えるようになってほしい。

さらに1年生から安心で安全に暮らせる方法を知ることは、幼い自分では気づかない危険の芽を摘むための性被害防止の手段となり、被害防止にも加害防止にも必要な教育であると思う。5年生の「純粋な好き」と「歪んだ好き」の支配関係の違いを見抜く力は、男女間だけでなく友だちや親子などさまざまな関係性にも応用できる。いろいろなパートナーの形を知り、結婚というゴールではなく、自分の意思を尊重できる暮らしや子育てについて6年生なりに学び、人と人との結びつきを考えてよりよい行動を話し合う学習は、社会で生きていくために絶対に必要となる力を養うと確信している。

「子どもの権利を知る」権利が、子どもにはある。大人の都合でごまかしたり、ごまかされたりしないような子どもたちを育てるために、教育はあるのだ。

数日後、リョウが「昨日、久しぶりにおじいちゃんとこにいってん!」と教えてくれた。「大丈夫やった? こわくなかった? ちゃんと返事した?」という私の問いに、「大丈夫になったよ!」と笑顔で答えてくれたリョウと、ハイタッチとハグをして別れた。とりあえず、リョウのたたかいはいったん休止だ。もう二度と再開されることのないように、リョウのお母さんと会ったときに、今日のリョウの姿を話してみようと思う。

3　養護教諭として、なぜ「『生きる』教育」に取り組む必要があったのか

大阪市立田島中学校指導養護教諭　田中 梓

保健室には、けがで泣いている子、おなかが痛くてゆがんだ表情をしている子、友だちとけんかして怒っている子、教室に行きたくなくて何かと理由を探している子……子どもたちは、最も困っていることを抱えてやってくる。私たち養護教諭が最初にかける言葉は「どうしたん?」である。

保健室では、子どもたちの調子の悪いところやけがに手当てをする。書いて字のごとく、手を当ててその様子を目で見て物事を捉える。そして、なぜこのようなことが起こったのか注意してじっくり視る。その痛みが少しでも軽減するように養護教諭の専門性をもって診て判断をする。そして、そばにいてそっと看ながら落ち着くのを待つ。たくさんの「みる」を働かせる中でも、どうしても見えないものがあった。しかし、この10年でトラウマやアタッチメント理論を学んだことで、多少ではあるが子どもたちの抱えている心の傷が少しずつ見えてくるようになった。人間関係、家族の問題……小さな体に想像を絶する経験を重ねてきた子どもたちの傷に、少しでも「手当て」を行い、保健室で見えてくる子どもたちの困り感を授業につなげていくことが、養護教諭として「『生きる』教育」に携わるスタートであっ

たように思う。

生野南小学校での「『生きる』教育」の始まり

２０１０年、筆者が着任した生野南小学校（以下、生野南小）でまず初めに取り組んだのが、性教育（文部科学省では「性に関する指導」、大阪市では「性・生教育」と呼んでいる）であった。当時、２０００年代に起こった性教育バッシングもあり、学校の中でどのように推進するか人権教育部で慎重に検討を行った。そして、性教育について、次のように整理した。

性と生に関する教育について

性教育（sex education）とは人間の性行動に関する教育全般を指し、性教育は学校だけでなく、両親、医療機関などを通して行われる。ここでは、学校教育で行う性教育の現状から本研究における性・生教育との関連について述べる。

学校における性教育の始まりは、戦後「純潔教育」として性病対策の一環として位置づけられていた。その後、保健計画や教科などで行われ、平成11年に文部省より出された「学校における性教育の考え方、進め方」では、性教育は「学校はすべての児童生徒に対して、人間尊重、男女平等の精神の徹底を図るとともに、人間の性に関する基礎的基本的事項を正しく理解させ、同性や異性との人間関係や現在および将来の生活において直面する諸問題に対して、適切な意思決定や行動選択できるよう性教育を充実する必要がある」とされている。

現在の性教育（文部科学省では「性に関する指導」としている）は教育課程において実施されることから、学習指導要領に基づいて行うことが重要であるが、基本的な考え方は平成20年1月に行われた中央教育審議会答申によるところが大きい。

――性に関する指導の留意点（心身の成長発達についての正しい理解）――

○学校教育においては、何よりも子どもたちの心身の調和的発達を重視する必要があり、そのためには、子どもたちが心身の成長発達について正しく理解することが不可欠である。しかし、近年、性情報の氾濫など、子どもたちを取り巻く社会環境が大きく変化してきている。このため、特に、子どもたちが性に関して適切に理解し、行動することができるようにすることが課題となっている。また、若年層のエイズ及び性感染症や人工妊娠中絶も問題となっている。

○このため、学校全体で共通理解を図りつつ、体育科、保健体育科などの関連する教科、特別活動等において、発達の段階を踏まえ、心身の発育・発達と健康、性感染症等の予防などに関する知識を確実に身に付けること、生命の尊重や自己及び他者の個性を尊重するとともに、相手を思いやり、望ましい人間関係を構築することなどを重視し、相互に関連付けて指導することが重要である。
また、家庭・地域との連携を推進し保護者や地域の理解を得ること、集団指導と個別指導の連携を密にして効果的に行うことが重要である。

（中央教育審議会答申「幼稚園、小学校、中学校、高等学校及び特別支援学校の学習指導要領等の改善について」平成20年1月、70ページより抜粋）

こうして答申を参考に、以下のことについて留意しながら進めていくこととなった。

□ 児童生徒の発達の段階を踏まえること
□ 学校全体で共通理解を図ること
□ 家庭・地域との連携を推進し保護者や地域の理解を得ること
□ 集団指導と個別指導の連携を密にして効果的に行うこと

（※性に関する年間指導計画の詳細については、小野太恵子・木村幹彦・西岡加名恵編著『生野南小学校教育実践シリーズ第3巻　子どもたちの「今」を輝かせる学校づくり』日本標準、2024年、161ページ参照）

性教育から「『生きる』教育」へ――心理教育の視点

性に関する年間指導計画の中で、2年生の生活科の単元から自分たちの成長を振り返る取り組みを行ったときのことである。赤ちゃんとふれあう授業を企画し、妊婦さんや赤ちゃんとお母さんたちに来校してもらった。赤ちゃんの育ちについて学ぶ時間となり、多くの子どもたちがニコニコと赤ちゃんとふれあう中で、児童養護施設で育ったある子がどうしても赤ちゃんの抱っこができず、「赤ちゃんがとても怖い」と言った。

２０１６年に行われた日本こども虐待防止学会・大阪大会への参加や、西澤哲先生（現・山梨県立大学特任教授）の研修を積み重ねていく中で、自分が適切なケアを受けられなかった体験があると、自分がケアを提供することやケアを受けることへの葛藤「ケア葛藤」が起こることを知った。不適切な養育や虐待環境の中で育った子どもたちの多くは乳幼児期に積み重ねられるべきアタッチメント（愛着）の形成に課題を抱え、人に対する依存、愛情欲求が十分に満たされないまま成長をしていく。何らかの困り感を抱えることは想像できたが、学童期にこのような行動が現れることに驚き、子どもたちへの心理的な影響について学ぶことの重要性を強く感じた。

西澤先生からの学びは、日々の保健室でも役立つこととなった。暴力や暴言、自傷などの行動を示す子どもたちの背景にはトラウマやアタッチメント（愛着）の形成不全が関わっているのではないかと気づくことで子ども理解が深まり、個別の保健指導や健康相談をより丁寧に深くまで行うことができた。

ある研修会で西澤先生に、「私たち教員も『子どもたちの心に棲《す》む』ことができますか」と質問したことがある。保護者的な立場で関わってくる大人に対して無意識のうちに挑発的な態度を示してしまうような、アタッチメント（愛着）形成に課題のある子どもたちから、「あほボケカス死ね」「おまえに何がわかんねん」と言われながらも、「逃げないしあきらめない」

という覚悟をもち一対一で向き合い続けることで、関係を築ける子たちが少しずつ増えていったように思う。「子どもたちの心に棲む」ことができているか、これは今でも養護教諭としての信念となっている。

「子どもたちとの関係性」という視点で見ていると、大人と子ども、子どもと子どもの距離感について、気になることが起こっていた。愛されたい、大切にされたい、そのような気持ちは身体接触の多さとなる。小学生にありがちな（ではダメだが……）スカートめくりやカンチョーなど、他人のプライベートゾーンを触ることに対する指導は徹底的に行っていたのだが、そもそも身体接触や距離感の課題や性被害とは何なのかという概念を学ぶ必要性を強く感じていた。

先に小野太恵子教諭が説明していたように、あいち小児保健医療総合センター・心療科病棟では、カナダでつくられた性虐待予防プログラム、ケアキット（c.a.r.e.kit）プログラムが行われていた。こころと身体の安全教育といえる本プログラムの実際や治療の実践について視察を行い、児童精神科の医師や保育士による研修を受けた。ケアキットプログラムは、虐待を受けていた多くの子どもたちが再被害に遭わないためによいタッチや悪いタッチ、距離感やグルーミングについて紙芝居形式で段階的に個別に学んでいく。医療において、心の健康問題を抱える患者や家族にその対応方法を学んでもらう心理教育は、基本的には一対一または少人数で学んでいる。それを集団という学校で応用可能かを児童精神科医の新井康祥先生

（現・楓の丘こどもと女性のクリニック院長）からご意見をいただきながら、1年生の授業づくりが始まった。

病院では性被害を受けた子たちがメインであり、学校で応用するためには、性被害を受けた子、そうかもしれない子、そうではない子たち、どの子にとっても学びが深いものでなければならない。私自身は養護教諭として専門的な知見を提供したが、それを授業の舞台にのせるのは小野教諭や別所美佐子教諭の力が大きく、大阪で行われている人権教育の視点が大きく作用した授業となった。

生野南小学校から田島中学校へ

小学校でカリキュラムづくりに携わってきた「『生きる』教育」の実践2年目の2017年度には、翌年に自分自身の異動が迫っていた。卒業後の子どもたちの様子を聞くと、対話を大切にする国語科教育や「『生きる』教育」を受けてきたにもかかわらず、人間関係や家族のことで悩み、問題行動を起こしたり不登校になったりしている子どもたちがいた。特に田島童園（児童養護施設）の子どもたちや、子どものときにネグレクトや虐待、家族の問題などの逆境体験（子ども期の逆境体験[1]、Adverse Childhood Experiences：ACE）を重ねている子どもたちの深刻な状況を聞く中で、思春期真っただ中の中学校で実践を積み重ねたいと考えた。そこで希望して、2018年度に生野南小の進学先である田島中学校（以下、田島中）へ異動することになった。

こうして初めて「『生きる』教育」を受けた小学校6年生とともに田島中の入学式を迎えたわけだが、はじめは「『生きる』教育」の実践どころではなく、従来から行われている性教育の実践を引き継いでいった。前任の養護教諭もこの地域の課題をよく理解されており、思春期に起こりがちなものをテーマとして行われていた。

まず初めに文部科学省・大阪市の支援を受け「学校保健総合支援事業　学校における現代的な健康課題解決支援事業」による「性・生教育」の公開授業を行った。

中学校1年	好きという感情と交際 ――デートDV――
中学校2年	性情報の対応と性犯罪被害の防止 ――自分を守る方法――
中学校3年	未来について考える ――あいまいな付き合い・予期せぬ妊娠――

この取り組みの背景には2016年に行われた大阪市「子どもの生活に関する実態調査」の結果がある。この調査では、世帯の経済状況や生活状況が子どもの生活や学習理解度にも影響を与えていることや、ひとり親世帯や若年出産世帯に貧困のリスクが高いことが課題として明らかになった（図2-3-1）。このことから、大阪市こどもの貧困対策推進計画が掲げられ、妊娠・出産、親になることについて正確な情報をもとに主体的に自らの将来を展望し

図2-3-1　初めて親となった年齢別に見た、困窮度（母親が回答者）

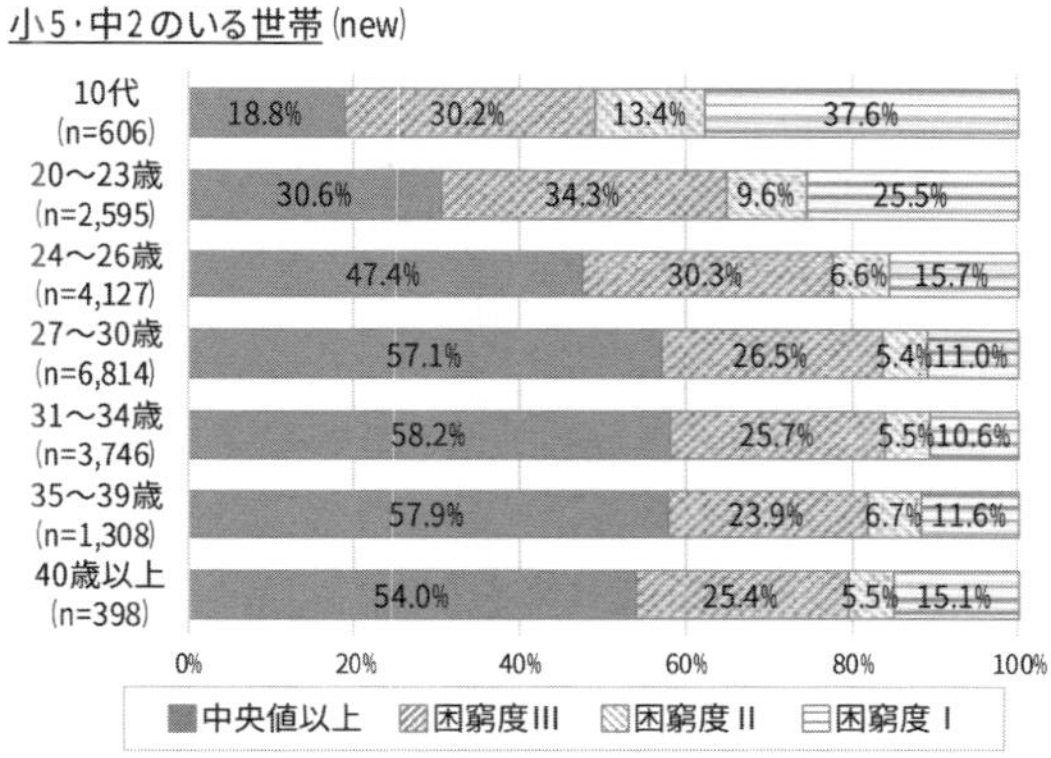

母親回答者を対象として、初めて親となった年齢別に困窮度を見ると、小学校５年生・中学校２年生のいる世帯、５歳児のいる世帯とも、10代で初めて親となった群が最も困窮度Iの割合（相対的貧困率）が高くなり、小学校５年生・中学校２年生のいる世帯では37.6％、５歳児のいる世帯では35.0％となっています。

［＊ここでは「５歳児のいる世帯」の図は省略してある（著者注）。］

出典：大阪市子ども青少年局「3 初めて親となった年齢別に見た母親の状況」『平成28年度大阪市子どもの生活に関する実態調査の結果について』2017年、8ページ。

生活設計を立てる力を身につけることや、若年妊婦が安心して出産・育児に臨める環境を整えることが必要であるとされた。２０１８年２月には大阪市教育委員会から事務連絡が通知され、家庭の状況にかかわらず、すべての子どもが、生きる力を備え、心豊かに未来を切り開いていけるように小学校・中学校・高等学校において、性に関する指導を系統的に進める必要性があるとされた。特に中学校段階では年間３時間程度の授業を行うことが明確に示された。

「『生きる』教育」のカリキュラムにおいては、性的接触や性感染症については触れるものはない。そこで中学校において、保健体育科３年の単元である「健康な生活と疾病の予防」で学んだり、助産師による性教育などで学びを深めたりしている。もちろん正しい知識・理解は何よりも重要だが、青少年期における危険行動、たとえば性的な行動も含めて喫煙・飲酒・薬物乱用などを抑止するためには、それらの背後にあるアタッチメント(愛着)やトラウマの問題を解決する必要があるのではないかと考えている。

思春期の揺れに巻き込まれる生徒たちを見ていると、子ども期の逆境体験を重ねた子や、発達の課題など、生きづらさを抱えた子たちが多いように感じている。中学校における『生きる』教育」の意義は、さまざまな危険行動へのストッパーとしても意味あるものではないかと考えている。

しかし、中学校で取り組みを進めることは容易なことではなかった(前掲書、169ページ、藤本睦子先生へのインタビュー参照)。生野南小の先生方の協力を得て中学校の授業づくりを進めるわけだが、日々忙しい中で「この授業をする必要はあるのか」という教職員の疑問の声もあり、全員が賛成というわけではなかった。保健室から見える本校の生徒たちの様子やしんどい子たちへの理解を得るために、自分にできることは何でも頭を突っ込みながら突き進んで行く中で、少しずつ理解者(なのか押し切ってしまったのか)が増え、「『生きる』教育」に取り組める土台ができていった。

中学校でさらに「『生きる』教育」の必要性を感じたのは、小学校5年生でデートDVを学んだにもかかわらず、恋愛感情がリアルに湧いてくると、あっという間に依存状態に陥る生徒の姿があったからだ。これではアカンと、小学校の先生方とより科学的、理論的に学びを深める授業をつくり上げていった。

まずは授業者をどなたにお願いするかと考えたが、私の中では一択であった。異動当時、しんどいと言われていた学年の学年主任と担任をされていたのが、紙原大輔教諭と西村建一郎教諭である。彼らの学年には田島童園から通う生徒や発達に課題のある生徒が合わせて3割以上いた。かつて小学校で大暴れしていた子たちが、中学校では仲間とともに和気あいあいと文化祭の劇に取り組んでいたことに驚いた。劇のテーマは「できっこないをやらなくちゃ」、そこには生徒たちの可能性を信じ、多様な生徒たちを認めていく先生方の醸し出す温かさと、何よりも学年全体に安心感があった。

小野教諭が書いていているように「断れる雰囲気ではなかった」のかもしれないが、今では子ども虐待とデートDVの授業実践に欠かせない先生方となっている。

さらに、中学校でのカリキュラムは生野南小で培った国語科教育の視点が非常に色濃く出ている。たとえばデートDVでは漫画のコマをぶつ切りにしてそのコマの特徴を捉えながら、デートDVのサイクルに気づいていく。また、ついしゃべりたくなるように日常の出来事の短冊を見て操作しながら、デートDVの種類（身体的暴力・精神的暴力・社会的暴力・経済的暴力）に仕分けていく。思春期の生徒たちが、手元の教材を触りながら自然に対話し、自分たちの価値観をぶつけ合っている姿を見ると生野南小の授業づくりの素晴らしさを感じた。そして模擬授業に遅くまで付き合ってくれた小野教諭や別所教諭の授業の技は、田島中の教員に大きな刺激を与えてくれた。

「『生きる』教育」の授業を初めて行った若手教員が「『「生きる」教育』の授業をしたことは、自分自身の教科の授業でも役立ちます」と話をしてくれたことが何よりもうれしかった。

「『生きる』教育」と子どもたちの変容

2024年3月、NHKスペシャル『アタッチメント〝生きづらさ〟に悩むあなたへ』(2024年5月4日放送)の取材があり、そこにはカメラの前でも普段の授業と同じように、率直に「『生きる』教育」を振り返る生徒たちの姿があった。

「友だちに言われました。なんかあったら絶対相談してなって」(中学校3年生女子)

「性格はちょっと内気で、みんなに合わせたりしていた。でも自分には味方がいて助けてくれる人が身近にいる。頼れるんだ。頼るってことを学びました」(中学校3年生男子)

「言葉にできないもやもやを抱えている人たちに対して、私も友だちにされたみたいに隣にいたりとか、そういうことができたら、過去の自分を助けてあげるみたいなことにもつながるかな」(中学校3年生女子)

小学校から中学校へと、子どもたちにとって学校が安心できる場所で、共に過ごしている仲間たちが安全基地になっていればと願いながら「『生きる』教育」を進めてきた。義務教育を終えれば、自分で選択した高校などの新たな世界に飛び出すわけだが、少しでもこの困難多き社会を生き抜く力が身についていればと願うばかりである。

とはいえ、「『生きる』教育」を受けた子どもたちがすべてうまくいっているというわけではない。高校生になって学校に行きづらくなった子、恋愛関係でDV関係に陥った子、自傷行為、虐待環境の悪化、施設退所者のしんどさはなかなかシビアであり、なにより18歳を超えてしまうと支援の手立てがとても少なくなってしまう。「『生きる』教育」は本当に役立っているのか——あれだけ福祉機関や法律を教えているのに、いざというときになんの役にも立たない現実があることも知った。

たとえば高校を辞めてしまうと身分的には何も保証されない。SOSを受けて公的機関やNPOに頼ることもあるが、すぐには支援につながらず、結局話を聞いて一緒にご飯を食べてなんとなくその時間を過ごすだけになる自分に無力感を感じることもある。

それでも、中学校の先生を頼って来てくれる教え子たちの話を聞く。少しだけでも安心感を味わってもらうことと、変わらずにいつもあり続けることが、今できる最善のことなのかもしれない。

子どもたちが呟いてくれたように、「なんかひとりじゃないって感覚がある」ことは保障していきたい。

「子どもたちのWell-beingを願って」

現在、この「『生きる』教育」が実践されている田島中学校区で勤務を続け15年目を迎える（生野南小、2010年4月〜2018年3月、田島中、2018年4月〜2025年1月現在）。長きにわたり、子どもたちの成長発達を見届けさせてもらっていることや、保護者や地域、田島童園のみなさまが保健室を温かく見守ってくださっていることが、私自身の「『生きる』教育」への原動力となっているのは言うまでもない。

2024年度「小・中『「生きる」教育』部長」を拝命したことで、養護教諭としてというよりも、長年この学校や地域と関わった立場から「『生きる』教育」を振り返ってみた。

2010年4月着任当初、生野南小は暴力と暴言の嵐であった（前掲書参照）。小学生らしさとは程遠い怒りの爆発があちらこちらであり、前思春期である小学校3年生ごろから、その暴力・暴言は凄まじくなり、保健室にも多くの来室があった。その矛先は子どもたち同士はもちろん教職員にも向かい、心を病む教職員も少なくはなく、しんどくなった教職員が保健室へ来室することや病院受診などもあった。

「お通夜のような職員室……」、ふと呟いたことを思い出す。保健室の悲惨な状態を相談しても教職員と解決に向かうような話にはならなかった。子どもたちの荒れは、何をやっても無理だという教職員の無力感を強化していった。今なら、暴力のサイクルや学校全体がトラウマの中にいたのだということが客観視できるが、当時は仲間がおらず、孤独感が深まるばかりであった。その頃の自分にできたのは、「目の前の子どもたちから逃げない」「アカンことはアカンと伝える」、この2つだけで日々を過ごしていたように思う。

2年目になると木村幹彦教頭（現・南市岡小学校校長）が着任され、中学校での実践から「生活指導とは何か」を徹底的にたたき込まれた。自分の信念の浅さに気づかされ、そこに法的根拠をもった生活指導の理念を教えていただき、保健室での対応に取り入れた。暴力事案での応急手当やけんか対応での健康相談などを進めることで、少しずつ壮絶な暴力やいじめ事案が減っていった。

そして小野教諭との出会いは、私の教師人生を大きく変えていった。生活指導をもってしても、自分自身が少しずつ始めていた「性・生教育」の実践にしても、どうしてもたどり着けなかった子どもたちの自尊感情の低さに、小野教諭は「授業の力を信じる」と切り込み、教師にしかできないカリキュラムをつくり上げていった。彼女の生み出す45分の授業には、子どもたちだけでなく見ている周りの大人たちの心も引き付けるものがあった。子どもたちの心の傷が少しでも癒えるように、温かく熱い魂を溶け込ませていった彼女の天才的な構成力や授業力、担任としての学級経営のうまさに圧倒されたことは言うまでもない。

別所教諭がいぶし銀のように授業にひらめきを与え、『生きる』教育」が産声を上げたころに、私は田島中へ異動したわけだが、時が流れ生野南小は田島南小中一貫校となった。現在、「『生きる』教育」の屋台骨を支えた教務主任の菊井威教諭も含む先生方と同僚として再会し、当時を知らない新しい仲間たちとともに「『生きる』教育」を実践している。

なぜ「『生きる』教育」が実践できているのかとよく聞かれる。理由は、自分自身もよくわからないが、たくさんのことが重なり合う中のうち、一つは私たち教職員自身も「トラウマ・インフォームド・エデュケーション ～安全・安心・愛情～」を保障し合うことで、子どもたちの幸せを願う大人たちが増えているのではないかと実感することがある。

今、職員室では、保健室に来た子どもたちの様子を伝えるとその成長に喜び、時には激しく議論し、そして悩みを重ねながら子どもたちのことを話すことができる。逆にあのときのような静かな職員室が懐かしくも思う。

私自身が養護教諭として携わるこの学校での「『生きる』教育」は、残り少なく限られた年数となってきた。この「『生きる』教育」が学校の文化となり、地域や田島童園にとって、この先何十年先も子どもたちの未来を照らす一筋の光であってほしいと希望を抱きながら、今日もまた課題の巣窟である保健室の子どもたちと真剣に向き合っていきたい。

(1)三谷はるよ『ACEサバイバー　――子ども期の逆境に苦しむ人々』筑摩書房、2023年参照。

4 「普通の」学校で取り組む、南市岡小学校版『生きる』教育」

大阪市立南市岡小学校校長 **木村幹彦**

南市岡小学校での始まり

2022年3月31日をもって生野南小学校（以下、生野南小）は、70年の歴史に幕を閉じた。生野南小で教頭を6年間、校長を4年間務めた私は、最後の校長としての役目を果たし、翌4月1日、港区の南市岡小学校（以下、南市岡小）に着任した。

このとき、私の中には、新たな学校での経営方針のイメージができていた。それは、生野南小で10年かけてつくりあげてきた「『生きる』教育」を南市岡小にも早く根付かせるということであった。理由としては、「『生きる』教育」は、今まで勤務した学校で部分的には実施され成果を挙げていた取り組みを体系的にまとめたもので、学術的な根拠もあるからだ。どの学校にも必要なのは、明らかだった。

そこで、早速、最初の職員会議で「緻密な生活指導」「国語科（学校図書館教育を含む）教育」「『生きる』教育」の3つを柱とする児童理解研修会を行った。

生野南小では、激しい学校の荒れの中で「緻密な生活指導」から始まり、次いで「国語科教育」さらには、「『生きる』教育」という順番で試行錯誤を繰り返し、やっと一つの形ができるまでに10年かかった。そして、この3つが同時に機能し始めたことで好循環が起き、これが学校文化となって、無理なく持続可能な学校体制になった。これを再現したい。

しかし実際は、学校が荒れているときは、国語の授業が一番ダメージを受けるので簡単にはいかない。教室の中に力でほかの子を威圧したり、支配したりしようとする子がいて、学級担任がその子を十分に指導できなかったらどうなるだろう。当然、弱い立場の子どもが自由に考え、自由に発言することができなくなる。これでは、国語の授業が深まるわけがない。

そのような状況では、『「生きる」』教育」の授業でも微妙な問題に触れるような授業ができない。子どものパワハラ・セクハラ発言を制止することができないからだ。一方、生活指導が機能し、「国語教育」が充実すれば、『「生きる」』教育」も理解されやすくなる。そして、そうなれば、子どもたちは自分と同じように他者の心と体を大切にするようになるので、自ずと生活指導はほとんど要らなくなるという良い循環が生まれる。このことをよく理解したうえでこの3つを同時に進めることができれば、2年くらいで目に見える成果が出せると考えた。

そこでまず1つめとして、すぐに必要であり効果が表れやすい生活指導を中心に「個の人権を重んじた一枚岩の生活指導を目指す〜子どもの人権を尊重する生活指導の方針・対応について」というテーマで研修を行った。内容としては、私が生野南小に教頭として着任した2011年から、荒れを克服するため、いじめや暴力行為に対処した根拠と手立てを示した。

【根拠】

①〈いじめ防止対策推進法〉第2条『いじめ』とは、……当該行為の対象となった児童生徒が心身の苦痛を感じているものをいう。

②〈大阪市いじめ対策基本方針〉「『いじめ』を受けた子どもの救済と尊厳」を最優先するという理念に基づく。

【手立て】

(1) 対人トラブル、特に暴力のトラブルに対し、きめ細かい児童観察で小さな暴言・暴力をスルーしない。「泣き寝入り」を排除する。

(2) 50対50の喧嘩はほぼ起きないことから「喧嘩両成敗」の排除を徹底し、個々に的確な指導をする。

(3) 被害の訴えがなくても、加害的な行為に介入して弱い立場の子どもを守る。

(4) 執拗な嫌がらせに我慢しきれず、過剰にやり返して、加害の立場にもなってしまった子どもには、「お互いに謝る」と「お互い謝らない」の選択肢を示し責めずに守る。

(5) 上記の手立てにより、被害を訴えれば必ず救済されることで、「仕返し行動」を抑制し、被害者が加害者になることを防ぎ、「加害者のみが謝る」ことを常とする。

(6) 「デコピンしようは決闘罪」「かかってこいでも傷害罪」「わざとじゃなくても過失致傷罪・未必の故意」をわかりやすく教え、暴力類似行為を徹底して指導し抑制する。

（7）目の前で起きている暴力行為には、その場で積極的に介入し、正当防衛、正当行為の範囲で、加害児童の腕をつかむなりして被害児童を守る。
（8）「死ね」、「殺す」等の暴言は脅迫罪となるので見逃さず、聞き逃さず、必ずその場で指導する。
（9）素手で窓ガラスを割る等の自傷的な行為に対しては、緊急避難として腕をつかんで制止する。

そして、子どもに発達課題やアタッチメント（愛着）の課題、トラウマがあるかもしれないという前提に立って心の傷に寄り添い、新たな心の傷をつくらない指導をする。暴力・暴言には行為の振り返りをさせ、今からどうするかを考えさせ、自ら被害児童への謝罪の必要性に気づかせる。ただし、謝罪の意思がない場合は、強制せず被害児童保護の観点から加害児童を別室での学習にする。また、被害児童（保護者）が法的措置をとる可能性があることを伝える。器物破損には、可能な限り本人に原状復帰させ、保護者の協力を得て弁償させる。掃除等のさぼり等は、悪意と決めつけず（国際人権規約B規約第14条2項などの推定無罪の原則）、忘れていたという前提で、やり直せば責めない。心の中はわからないので決めつけない。怒鳴らない、身体に触らない、話は短くする、罰を与えない等、子どもに無駄にストレスをかけない方が指導の効果が得られる、ということを伝えた。

2つめの国語科教育については、幸いにも本校では、前任校長がクリティカル・リーディング（文章や資料を客観的に把握するために、吟味しながら読むという手法）を国語の授業に取り入れる研究を進めていたので、その流れを継続するだけでよかった。しかも、この研究を進めるために申請していた週4日勤務の主幹学校司書として辻智恵子先生（大阪市各区で1校のみ配置）が配置されたので、むしろ充実したスタートを切ることができた。

3つめの「『生きる』教育」については、荻野ちはる養護教諭が大阪市小学校教育研究会保健部の研究委員をしていたことで、実際に重なる内容（1年生の「たいせつなこころと体 プライベートゾーン」）を実施していたことが幸いした。また、大阪市教育委員会が出している「生きる力を育む『性に関する指導』の手引き」には、すでに扱うことができる単元・主題・テーマ例に生野南小の全6学年分の実践が参考資料として掲載されていたことから、初年度からこれらをすべて実施することができないこともないという状況であった。

南市岡小学校の状況（2022年度1学期）

4月8日の始業式から1学期が始まった。毎朝正門を開けて子どもを迎えていたが、そのときに直接子どもを指導したり、また別の場面でも指導したりすることがあった。その中で印象に残ったのが、次の3つだ。

① 朝、たたき合いしながら来たり、迷惑そうな顔をしている友だちにヘッドロックをかけ

ながら来たり、ちょっかいをかけたり、悪口を言い合いながら登校してくる子どもに注意すると、悪びれた様子もなく、「友だちやからいい」「兄弟やからいい」と言い返す子が多かった。私は、今までこのようなことがあまり注意されてこなかったのだなと思った。そこで、全校朝会のときに、暴力、暴言などの人に対する攻撃はもちろん、勝手に人の体に触るのは、友だち、兄弟、家族、夫婦でもダメ。たとえ、相手が「たたいてくれ」と言っても、たたいてけがをさせたら傷害罪になると話す。

② 人に暴力を振るっているのに、注意すると、「こいつがあおってきたから悪い。正当防衛や」と正当防衛の意味もわからずに使って暴力行為を正当化する子が多かった。このようなことは、人に暴力を振るう理由にならない。正当防衛は、ほかに方法がないときにだけ許されると説明する。日本では、江戸時代に許されていた仇討ちや決闘は、明治時代に禁止になり、やられても勝手にやり返すことはできないことを話す。

③ 廊下を走っていて、他児にぶつかり、転倒させて負傷させる。注意すると、わざとじゃないから謝らない。こちらもぶつかったところが痛かったので、謝れというのなら相手にも謝らせてほしいと言う子がいた。わざとじゃなくても人にぶつかったら責任を負う(交通事故と同じ)と説明し、謝罪と賠償が必要と話す。

このように、それまでは他児への些細な攻撃が問題にされていなかったので、加害児童へは寛容な指導で終わっていた。そのため加害児童が開き直り、被害児童は救済されず、「いじめ」の芽になっていた。また、明らかに故意の暴力と思われるものでも一部の児童がいつも過失を主張するので、対人関係のけがについては軽微なものでも必ず保健室での対応を徹底し、記録を残したので、不自然さが浮き彫りになった。

本校では、このようなことが学校文化になってしまっていた（実は、どこの学校でもこのようなことが起きているからいじめが減らない）。

5月に授業参観・学級懇談会の後、保護者全体懇談会を行い、「学校の生活指導」というテーマで、保護者に学校の生活指導の方針・対応について説明した。

そして、直後の職員会議で、全学年で、「『生きる』教育」を実施することを提案した。

本校では、前述した通り、荻野養護教諭がプライベートゾーンや第二次性徴、性に関する情報についての指導をすでに行っていた。荻野養護教諭自身は、自校の子どもは、休憩時間や放課後に声を掛け合って仲良く遊ぶ子どもが多くみられる一方で、子どもたちの関わりを見ていると、からかいや冷やかし、きつい言葉での言い合い、人の体をたたく・触るなどといった場面が少なからずあると感じていた。

そのような場面を注意した際は、「遊んでいるだけ」「いつものことやし」等、子どもたちが相手に対して、気軽に「いじめ」の芽になるような言動をしているということに気がついていない様子であると感じていた。

また、「いじめ」の芽を「たいしたことではない」「子ども同士での遊びの範疇だ」と見過ごしていると、「これぐらいはやっても大丈夫」といった間違ったメッセージを子どもたちに送ってしまい、力の強い子どもが優位になり、重大ないじめにつながることになるのではないかと危惧していた。そうならないためには、「『自分や相手の心や体を大切にする取り組み』がもっと必要ではないか」と考えていた。

そのようなタイミングで私が着任したので、荻野養護教諭は、「『生きる』教育」のプログラムの一部を取り入れることに抵抗感はもっていなかった。

提案にあたり、私は、次のような理由や条件を示した。

【理由】子どもに自分や相手を大切にする心が十分に育っていない。多発する生活指導事案に対症療法的な指導と並行して、心を育てる指導が必要。

【条件】教員の負担とならないよう時数は1コマ。教材、指導案は田島南小学校（旧・生野南小）から借りてくるので準備不要。授業は、私がやってもいい。

結果、指導内容については、本校の子どもに伝え、学ばせたい内容はどこなのか、管理職、養護教諭、学年担当が話し合い、従来の本校の保健教育として、1、2年生は引き続き「たいせつなこころと体」と「プライベートゾーン」について、3年生は「子どもの権利条約」、4年生は「考えよう みんなの凸凹」、5、6年生は、「心の傷のメカニズムを知ろう」を取り入れた形で、実施計画がつくられた。結局、私が授業を行ったのは3年生の「子どもの権利条約」（3コマで実施）のみで、ほかの授業は、学級担任と養護教諭が受け持った。

【2022年度『生きる』教育」実施計画】
学年／内容／教科／単元・主題・テーマ（時数）
1年／命／特別活動／生命（いのち）の安全教育　たいせつなこころと体(1)
　家族／特別活動／ふれること、ふれられることについて考えよう～プライベートゾーン～(1)
2年／家族／特別活動／ふれること、ふれられることについて考えよう～プライベートゾーン～(1)
3年／命／特別活動／子どもの権利条約を知ろう(3)
4年／命・家族／総合／考えよう みんなの凸凹(1)
　命／保健体育／からだの成長について考えよう(1)
5年／命／特別活動／心の傷のメカニズムを知ろう(1)
6年／命／特別活動／心の傷のメカニズムを知ろう(1)
京都大学大学院教育学研究科・西岡加名恵教授より、演題「『「生きる」教育』の意義」でご講演いただく。7月に「『生きる』教育」校内研修会を生野南小学校の指導案で実施する。

私からは、これまでに学級担任と一緒に対応した全学年の生活指導事象を架空の10ケースにまとめ指導・対応方法を説明した（特に男児、女児と記していない場合は男児を示す）。

【ケース①（発達課題・障害者理解）】 特別支援学級在籍のA児が他児との関わりを求め級友をたたく。また、他児からたたかれたと嘘の被害を訴える。学級担任が徹底した見守りを行い、他児からたたかれている事実がないと証明し、A児を指導する。支援学級在籍について他児が理解できるように支援学級担任と学級担任が説明。さらに、入り込みの支援によりA児は落ち着く。他児とのトラブルが激減する。

【ケース②（いじめ・発達課題）】 発達課題のあるB児にC児が過剰に反応。B児への攻撃が増え、足のアザが毎日増える。両児童の被害加害の主張が一致せず、保護者間の主張も食い違い、トラブルに。学校で児童同士の主張が一致した内容についてのみ謝罪させる。被害児童保護者に両児童の主張を完全に一致させることが難しい理由を説明し理解を得る。見守りを続け、状況は改善する。

【ケース③（不登校）】 不登校で保護者が指導しきれず、まったく登校しなくなる。学級担任の粘り強い家庭訪問と無理のない登校勧奨により、効果的な家庭訪問のタイミングがわかる。養護教諭も連携して家庭訪問を行う。保護者の対応が改善し、登校状況が改善する。

【ケース④（発達課題・障害者理解）】 D児がE児の服をハサミで切る。F児に対しハサミをちらつかせて威嚇。F児の保護者が対応を求める。学校は、D児を保護者と本人の同意のもと一日別室指導。見守り教員が付き添い徐々に教室に。学級の他児がストレスを感じていないと確認。関係する保護者が教室復帰に同意。D児は徐々に落ち着く。

【ケース⑤（いじめ）】 G児がH児、I児、J児、K児らから嫌がらせの発言を受けて登校できなくなる。当初、H児らは加害を認めなかったが、学校の指導で認め、謝罪の意思を表明。しかし、G児が受け入れられる状況になかったので、謝罪のないまま安全を確保して教室に。G児に安心感が醸成され、謝罪を受け入れる。しかし、G児の不安が続き、保護者の付き添いがしばらく続く。時間経過とともに状況が改善される。

【ケース⑥（子ども虐待）】 L児は、1人1台端末の相談機能を使い複数の教員に相談を求め、保護者からの暴力被害を訴える。担任、教務主任、校長らで本人から聞き取り。その日、L児は保護者に、保護者からの暴力を先生に話したことを伝える。担任が保護者からも事情を聴き、暴力が絶対にいけないことを伝える。L児の表情が明るくなったので、理由を尋ねると保護者がやさしくなったとのこと。

【ケース⑦（発達課題）】 M児は、少しのきっかけで激しく暴れ、時には、他児や教員に暴力を振るい、教員とつかみ合いになってしまう。できるだけ「大声でしからない。触らない」の方針で指導。「家に帰りたい」と言ったら力ずくで阻止するのではなく、校長が触らずに家までついていくので、担任が保護者に連絡することにする。家に帰ろうとすることを理由に力ずくで阻止するのは危険だからである。M児は、「帰る」と言ったら本当に帰らされると理解し言わなくなる。他児や教員への暴力は激減する。

【ケース⑧（アタッチメント（愛着）課題）】N児は他者への関わりを求めるため、小さな暴力や迷惑行為が常態化。特に弱者に対する執拗な嫌がらせ行為を頻繁に行う。学級担任が別室指導を検討。別室にはせずに教室等で徹底した細かな見守りにより、暴力行為や迷惑行為をその都度指導。不適切行動が抑止されると逆に他児からからかわれ、教室内で暴れて関係ない児童に被害。見守り教員が廊下に連れ出す。後日、担任がからかった児童を特定し、N児に謝罪させる。N児は徐々に落ち着いた。

【ケース⑨（授業離脱）】O児は気に入らないことがあると授業離脱等で気を引き、自分の主張を受け入れてもらおうとする。教員が過剰に反応すると行動がエスカレートするので、他者に迷惑がかからない場合は、静かに見守りつつ必要に応じて寄り添う。雨の日に授業離脱して泥んこになり困っていたとき、教務主任がそっと体操服を渡す。それ以降、行動が落ち着く。

【ケース⑩（暴力行為）】P女児が執拗にQ男児に絡みにいき、暴力的な行動。Q男児は被害を訴えるが、調べるとQ男児がP女児の言動に不適切に過剰な反応をして、暴力を誘発していることが判明。担任が両児童に指導。校長がQ男児に、実はあなたのこんな行動がP女児を怒らせ暴力を誘発しているとアドバイス。担任がQ男児の保護者に同様の説明。トラブルが減少する。

南市岡小学校版「『生きる』教育」の変遷

2年目となった2023年度は、南市岡小学校版「『生きる』教育」として、研究部長の中林真理子教諭と荻野養護教諭らが中心になり、6年間の系統立てた取り組みを再度検討した。

2年生では、1年生の「プライベートゾーン」や「安全・安心」の学びから発展させ、「人との距離感って？」とし、「パーソナルスペース」といった内容を取り入れた。

4年生では、「自己開示が強制にならないようにする配慮が難しい」「教材研究をもっと深めてから取り入れる必要がある」との意見から見送っていた「ライフストーリーワーク」を取り入れた。一方、「考えよう　みんなの凸凹」は、いろいろな星から集まった、課題（発達課題・アタッチメント障害・トラウマ障害）のある子たちで運動会をどんなルールで行うかを考える授業だが、前年度は、特性のあるキャラクターに対して攻撃的な発言が出たことから「寄り添う心がまだ育っていない。まだ難しい」ということで見送った。

5年生では、保健体育科の「心の健康」の発展内容である、「話し方、アサーション・トレーニング（本書257ページ参照）」を取り入れた。「デートDV、パートナーシップ」は、前年度は指導内容が「小学生では早くはないか？」という意見があり見送っていた。しかし、6年生で実際に「異性間のトラブル」が起きたことから、交際が本格的に始まる前に、「支配関係ではない、良いパートナーシップ」を学ぶ必要があるとの判断に至り6年生で実施した。

そして、9月13日には、全学年・学級を公開授業とし、保護者や地域の方々にも参観していただき、理解を深めてもらう機会とした。

【2023〜24年度『生きる』教育」実施計画】

学年／内容／教科／単元・主題・テーマ（時数）

（テーマの変更はせず、より学校の実態に合わせた指導案を作成。↓は時数の増加を示す）

1年／命／特別活動／生命（いのち）の安全教育 たいせつなこころと体（1）

家族／特別活動／ふれること、ふれられることについて考えよう〜プライベートゾーン〜（1）

2年／命／特別活動／人との距離感って？（1）

家族／生活科／［東京書籍］あしたへジャンプ（2）

3年／命／特別活動／子どもの権利条約を知ろう（3）↓（4）

4年／キャリア／特別活動／10歳のハローワーク〜LSWの視点から〜（3）↓（4）

命／保健体育科／からだの成長について考えよう（1）

5年／命／保健体育科／心の健康（3）

命／特別活動／やってみよう！〜アサーション・トレーニング〜（1）

6年／家族／特別活動／デートDV 愛？支配？〜パートナーシップの視点から〜（3）↓（4）

指導後の子どもの感想では、「友だちが嫌がっていないかを考える」「プライベートゾーンの約束をみんなが守ったら楽しい学校になるね」「ぼくたちは、こんなに権利があるんだな」「ほかの人の思いやりを素直に受け止めようと思った」といった感想があった。

保護者の感想では、「授業として、みんなで意識共有できる環境はありがたいです」「私の時代にもプライベートゾーン等、学校で積極的に教えてもらいたかったです」「『相手との関係性によって、距離間が変わる』と、発言したことには大変よい気づきだと思いました」「今後も自分を守るうえでの大切なことや、生きていくうえでの本質的なことなどをどんどん取り入れてもらいたいです」「とても貴重な授業でした。このパートナーシップの授業が必要な大人が世の中にはたくさん存在すると思います」といった感想をいただいた。

２０２３〜24年度にかけては、指導内容については本校の子どもの実態に合っているかを精査・検討し、研究部が指導案検討会を行った結果、テーマの変更はなかったが、３、４、６年生で、授業時数を1時間増やすこととなった。

３年目となる２０２４年度は、９月18日に公開授業・研修会を行った。毎年来ていただいている西岡教授には、「南市岡小学校版『「生きる」教育』の成果と今後の展望」というテーマでご講演いただいた。学校からの研究報告も「思いや考えを豊かに表現できる、安全・安心な学校づくり」というテーマで、「『生きる』教育」2年半の成果を報告した。

荻野養護教諭からは、保健室で認知した児童間のもめごとで起きた要医療・負傷件数の推移と保健室に来室する子どもの変化について報告があった。その中で、学校でいじめが起こるべくして起こってしまうというメカニズムが解き明かされた。そして、「普通の」学校でなぜ「『生きる』教育」が必要であるかが次のように語られた。

＊　＊

今まで、友だちとの関わりで、「力が強い子」「声が大きい子」の言動について我慢していた子どもが少なからずいた。しかし、「『生きる』教育」を始めたことにより、子どもたちだれもが安全・安心な学校生活を送ることができるように、故意に友だちを傷つけることは絶対にいけないということを学校全体で指導した。

すると、我慢していた子どもも、「自分の心や体を大切にする」「嫌なことは嫌と言っていい」といった、自分の気持ちを大切に考え、不安に思ったこと、嫌だったことを「相談していいいんだ」と思うようになった。その結果、「たたかれた」「蹴られた」「死ねと言われた」など、相談する子どもが増えた。「安全・安心な学校生活」をだれもが送れるような環境になってきた。

このことは、「要医療・負傷件数の推移」（図2-4-1）のグラフからもわかる。２０２１年度までの件数が少ない理由は、もめごと時の対応で、「わざとじゃない」「お互いが悪い」等、聞き取って判断した結果、医療につなぐように踏み込んでいなかったことや、「コロナ禍」で子どもたちの接触する機会が減っていた結果だ（２０２０年～21年度は臨時休校や分散登校等が

図 2-4-1　要医療・負傷件数の推移

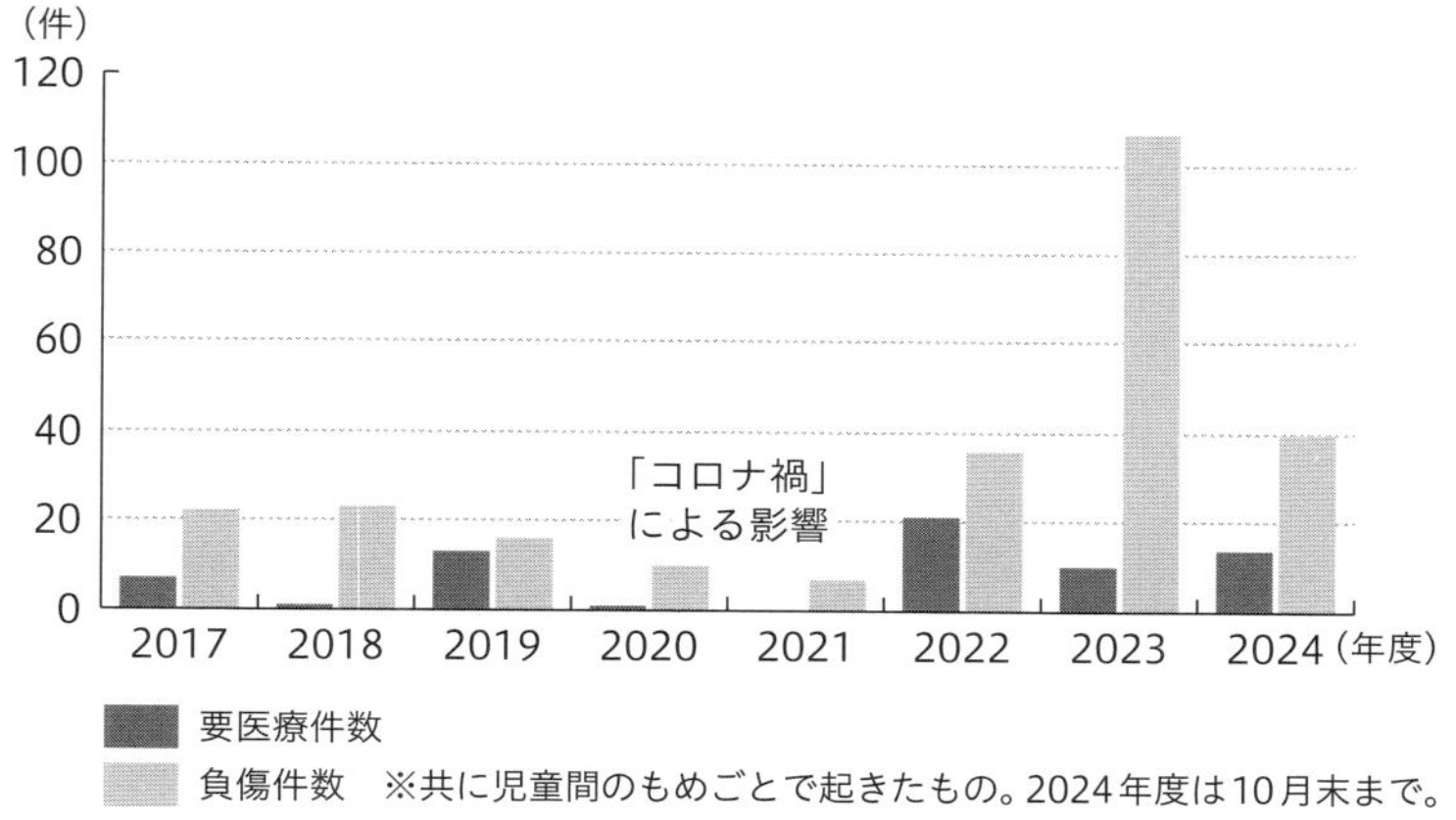

あった時期）。２０２２年度より「『生きる』教育」を取り入れ、「だれもが安全・安心な学校生活を過ごすために故意に友だちを傷つけるのは絶対にいけないこと」として、けがをしていれば医療機関につないだ結果、要医療件数が21件と増加したが、現在、取り組みを進めていく中で減少してきている。

２０２３年度で負傷件数が大きく増加しているのは、要医療件数が減少していく中で、「たたかれた」や「押された」といった軽微とも思われる事象でも「いじめ」の芽につながることから、「いけないこと」として見逃さず、その都度、学級担任や管理職と詳しく聞き取るように対応したからだ。被害者側が今まで我慢していたのが、「保健室でみてもらっていいんだ」「被害を言っていいんだ」と安心して言える環境になってきた結果、件数が増加したと考える。

図 2-4-2　総児童数に占める要医療・負傷件数の割合の推移

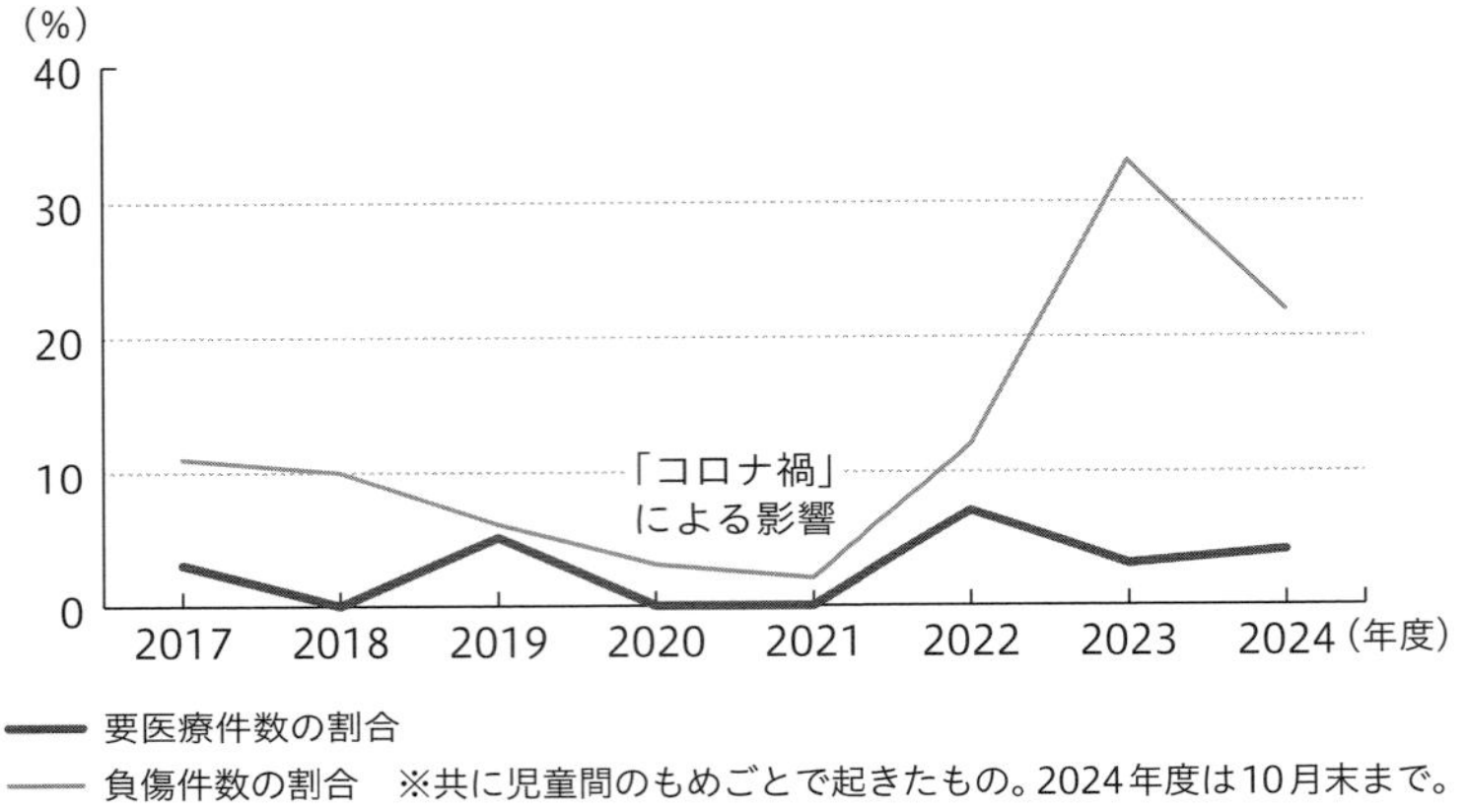

※共に児童間のもめごとで起きたもの。2024年度は10月末まで。

２０１８年度からの校区変更により、２０１７年度の児童数から２０２４年度は約１００名増え変容が大きいため、要医療・負傷件数は、総児童数に占める割合でも表した（図2-4-2）。『生きる』教育」を続けることで、要医療・負傷件数は、いずれ０件になっていくと思われる。

＊　＊

終わりに

なぜ、「普通の」学校にも軽微な暴力、暴言、いじめについて、子どもが被害を訴えにくい文化があるのか。それは、ともすれば持ち出されてくる、「学校で起きたことは、学校の責任」という論理があるからだろう。私は40年ほど前に、「学校事故救済法制の現状と課題」という卒業論文を書いた。そのときの結論が、「日本の司法は、被害者救済を重視するあまり、学校の責任を過重に問う傾向があり、そのために教育活動が萎縮している」というものだった。今もその流れで、明らかに児童個人が責任を負うべき加害行為まで学校の責任が問われ、加害児童の責任があいまいにされ、被害児童が泣き寝入りしてきたのではないかと思う。

教員側に「できるだけ大ごとにしたくない」「保健室に行ってほしくない」「故意ではなく被害、加害ではない」と、加害を認めたくない心理が働くと、保健室は事象を掘り下げづらい。加害児童が十分に指導されない、カウントされない状況では、加害行為が繰り返されエスカレートしていくので、被害児童の権利侵害が救済されない。

私は、児童朝会で、「人に暴力を振るってけがをさせたら暴力を振るった人の責任。子どもなら保護者と一緒に責任をとる。学校や先生の責任ではない（見て見ぬふりをしているわけではないので）」と話をしている。このことは、医療に繋げば明らかで、大阪市の学校安心ルールでも明らかである。

「『生きる』教育」は、子どもたちに「権利」を教えることで、「責任」を意識させることができた。当然、教える教員たちも子どものたちの「権利」と「責任」、そして、自分自身の「責任」を強く意識するようになった。

今、本校は、気兼ねなく被害を訴え、救済される安全・安心の学校になったので、子どもたちの表情が明るく柔和になった。子どもたちは積極的かつ自由に発言、発表するようになり、国語の力もついてきている。暴力ではなく論理が支配し、子どもが権利を享受し、責任を果たす。そのような学校へと変わってきた。

未来を担う子どもたちが学ぶすべての学校が民主主義の原点となるよう、「『生きる』教育」が広まればと思う。

第 3 章

すべての子どもと大人に「『生きる』教育」を

――「グリ下」、少年院の若者たちへの実践で学んだこと

社会福祉士、大阪府子ども家庭サポーター、こども家庭庁参与
辻 由起子

＊本稿は、SMBC京大スタジオと京都大学大学院教育学研究科教育実践コラボレーション・センターの共同事業「貧困・格差・虐待の連鎖を乗り越える教育アプローチの研究開発と普及」における「第1回『「生きる」教育』研修会」(2024年8月24日)での講演に大幅に加筆したものです。紹介しているすべての事例は掲載許可を得ています。
＊なお、本稿の作成にあたっては、市橋千弥さんの協力を得ました。ここに記して感謝いたします。

大阪府茨木市を拠点に、子ども・家庭・若者のサポートを全国各地でしている社会福祉士の辻由起子と申します。

年間1000件以上の親子の相談を受けていますが、コロナ禍以降、お金の悩みに起因する相談が増えました。お金の悩みは安定した仕事がないと解決しないことが多いです。コロナ禍をきっかけに、非正規雇用の不安定な待遇が浮き彫りになりました。労働、子育て、教育……日常生活のあらゆるルールは法律によって決められています。社会のルールをあらかじめ知っておかないと理不尽な扱いを受け、社会的弱者になってしまいます。「正しい知識は、人生を守る」——自分の体験からも痛感したので、社会に出る前にあらかじめ知ってもらえるように、小・中・高・大学から少年院まで、授業に行くようになりました。そのうちの1校が現在の田島南小中一貫校です。

いじめ、不登校、子どもの貧困、ヤングケアラーなど、保護者・学校の努力だけではどうしようもない課題もあり、周りのサポートが必要なときもあります。そんなときは、役所や地域の社会資源につなげていき、一緒に解決策を見つけていきます。私のもとに相談に来られる方は、ほぼ全員、「どこに相談したらいいか、わからない」「役所に相談しても、助けてくれない」そうおっしゃいます。私が教育関係の研修によく呼ばれる理由は、「つながりたいのに、つながれない」、そんなケースに日々対応していることと、私自身が子育てや社会制度について知識がなかったことにより、社会的弱者になった経験があるからです。

若くして出産、そして……

私は貧困や虐待とは無縁の環境で幼少期を過ごしました。私の生まれ育った茨木市は、どこを掘っても弥生時代の土器が出てくるような歴史と文化があり、地域コミュニティがしっかりとある土地柄です。勉強をして偏差値の高い学校に行けば幸せになれると大人たちから教わったので受験勉強を頑張り、大阪府立茨木高校という地元のトップ校に合格しました。卒業までに推薦入試で大学が決まっていたのですが、卒業と同時に結婚・出産しました。すると、「辻さんとこの由起子ちゃん、茨高出たくせに、妊娠したらしいで」と地元で噂話が回り、世間体を気にした実家から勘当され、知り合いのいない土地で「孤育て」が始まりました。孤立してはじめて、私が幸せだと感じていた幸せは、偽物だったことに気づかされました。私の人生は両親の社会的信用と、「茨高生」というブランドで守られていただけで、10代で妊娠した「辻由起子」個人には社会的信用がなく、あっという間に貧困に陥りました。

元夫は働かず暴力を振るう人だったので、出産ギリギリまで働きました。「だれにも言うな」と暴力を振るわれていたので、怖くてだれにも事実を話せず、暴力と貧困の中で、気づけば子どもに対する愛情が消えていました。母親なら子どもを愛して当たり前、子育てができて当たり前と思っていたので、とても悩みました。今だからわかるのですが、人は他者をまねることにより行動を学ぶ生き物です。善い行いだけではなく、暴力も学習します。暴力を振るう人は心が弱く、常識がない人だろうと思っていましたが、暴力を受けて過ごしているうちに、私の中でも暴力が当たり前になっていきました。娘が言うことを聞かないと手が出るようになり、密室でどんどんエスカレートしていきました。

生活費を稼ぐために長時間働くと、子どもと接する時間がなくなり、子どもの「問題行動」と呼ばれる言動も増えていきました。中学校1年生で不登校になり、友だちとの揉め事が多く、どうすればよいか悩みました。子どもが高校生になってようやく、さまざまな問題が解決していきました。

学力があっても子育てのやり方はだれからも教わらないので、適切な養育方法を知らないと、虐待をしたくなくても子どもを虐待してしまうことがある。こうした問題は、環境によってだれにでも起こり得ることだと気づきました。

私は自分の課題を自分で解決するために、家事・育児・仕事をしながら佛教大学の通信教育で、教育と社会福祉を学びました。研究を進める中で、やはりこれはだれもが直面する課題であることがわかりました。災害、事故、病気、事件……だれもが困難に陥る可能性があります。「自己責任」と他者を切り捨てていると、自分が困ったときも他者から「自己責任」と切り捨てられてしまいます。「明日はわが身」かもしれません。だれもが安心して困れる社会にするために、現在さまざまな活動を行っています。

過去にいろいろあった親子関係は今では良好で、娘は31歳になりました。娘は会社員をしています。彼女に「愛って結局なんやと思う?」と聞いたところ、「価値観を押しつけないこと」と即答されました。「大人は善かれと思って、子どもに価値観を押しつけてくるやん。でも、そもそも子どもがほしいと親が思った時点で、親のエゴやろ？　あなたが子どもをほしいと思ったから、私たちは生まれてくる。それなら、子どもの幸せのために何をすべきかをまず考える。子どもの幸せを願うなら、その子がその子らしく生きられるように環境を整えるのが大人の仕事」、そう言われました。

講演する筆者「その子がその子らしく生きられるように」

多くの人が「教育」の本質を勘違いしていると感じます。私は50歳の団塊ジュニアですが、偏差値教育を受けてきました。テストの点数が高ければ「良い子」。大人の言うことを聞けるのが「良い子」。そんな教育を受けてきました。しかし、それは大人の価値観に合わせているにすぎず、自分の価値観が身についたわけではありません。大人の顔色をうかがって、大人が喜ぶことができる子に育ったため、自分の人生を自分で選ぶ力が身についていませんでした。「教育」の本質は、相対評価で価値を決めることではなく、その人が持って生まれた強みや個性を知り、伸ばしていくことだと思っています。

娘には、「親を頼って生きていたら、幸せになれない」と伝えています。順番でいくと親は先にいなくなるので、自分で自分を幸せにする力を身につけておく。そして、余った力でほかのだれかを幸せにする。まずは自分で自分を大切にする。この考え方がわかっていないと、自分の価値を他人の評価に委ねてしまい、せっかく良い教育を受けても自信がもてなくなってしまいます。

社会活動を始めたきっかけ――「助けて」の声が届かない

私が社会活動を始めたきっかけは、2010年7月に起きた大阪市西区の2児餓死事件です。事件を起こした彼女が離婚をした際に書かされた誓約書には次のことが書かれていました。「2人の子供は責任をもって見ていきます。借金はしっかり返して行きます。自分の事は我慢してまずは子供のこと考えます。家族には甘えません。しっかり働きます。逃げません。うそはつきません。夜の仕事はしません。連絡はいつでもできるようにします」(原文ママ)。そして、子ども2人とともに家を追い出されたのですが、当時の所持金は数千円、養育費は0円という状況でした。

彼女は獄中で、当時を振り返った手記を書いていました。

「事件を遡る1年前2009年5月16日桜子の誕生日にきっかけが起こりました。家を追い出されました。そして、実父から暴力を受け帰るところを失いました。原因は私にあることは理解しています。ただ、桜子2歳になったばかり、楓は7ヶ月でまだ歩けなく途方に暮れ、また所持金も数百円しかなくギリギリで岐阜の母親のところへ行きましたが、結局3〜4日で名古屋にでました。岐阜、名古屋では役所へ相談に行きましたが、岐阜では、住民票がないことを理由に、名古屋では数回掛け合いましたが取り合ってもらえませんでした。ある日、私と桜子、楓が新型インフルエンザにかかり、その時は実父母、自治体、前夫に助けを求めましたが、だれも一切応じてもらえませんでした。そして、私達はどうでもいいんだなあって強く感じました。助けてほしい、という気持ちを抑えきれなくなっていました。そしてそれは生きることを諦めるようになってきました」（原文ママ）

幼い子どもがマンションで50日間放置され、餓死するという事件。世間では母親に対する強いバッシングが起きました。しかし彼女は事件に至るまでに、何度も「助けて」と声を上げていました。そして、その声は届きませんでした。ひとりで生きていくのは困難です。小さな子どもが2人いたらなおさらです。仕事をしなければならない、ご飯を食べさせなければならない。インフルエンザにかかっても休めない。そんな状況で、みなさんは耐えられるでしょうか？　私には無理です。事件に至るまでの経緯が裁判を通して明らかになるにつれ、母親バッシングはなくなっていきました。彼女は裁判の中で「やっぱり、だれも助けてくれないと思った」「（私たちのことは）やっぱりなかったことにしたいの？と思う」と、何度か発言しています。頼る人が身近にだれもいなければ、「明日はわが身」かもしれません。

彼女に対して、懲役30年という有期刑の上限の判決が下されましたが、裁判長の最後の言葉はこうでした。「仕事と育児に限界を覚え、孤立感を強めており、同情の余地がある」「このような被害者が二度と出ないよう、社会全般が児童虐待の防止にいっそう努め、子育てに苦しむ親に協力することを願う」。社会で起こる出来事は、社会の一員である私たち全員に少しずつ責任があります。同じような事件が二度と起こらないように行動を起こさないことには、社会は変わりません。

私が事件をきっかけに始めたことは、子育てに関することを何でも率直に語り合う、通称「女子会」でした。最初は男性も参加OKにしていたのですが、男性がいるとママさんたちが妊娠・出産にまつわる話やDVの話ができなくなってしまったため、女性限定に変えました。ママさんたちの「ぶっちゃけ話」を聞いていると、ママさん自身も子ども時代に、しんどい思いをした人がいることがわかりました。自分の親との関係、祖父母との関係が子育てに影響してしまい、「言葉にできないけれど、なんかしんどい」、そんな気持ちを打ち明けてくれることがあります。自分の親しかモデルがいない場合、その価値観を知らず知らずのうちに引き継いでしまい、苦しい思いを抱えてしまうので、人とつながり、さまざまな価値観に触れることはとても大切です。

子どもがSOSを発しているので親御さんにコンタクトをとると、親御さん自身もしんどい状況に置かれている場合が多いです。そして、その親御さんのしんどさを社会福祉の視点で見ていくと、さらにその上の世代のしんどさを引き継いでしまっているケースもあります。親子3代にわたるソーシャルワークを行わなければ、子どもの課題は解決しません。

私が関わったDV事例から

いくつか事例を紹介します。10代の児童養護施設出身の女性が妊娠しました。彼女は出産することを決めたのですが、相手の男性が「ホンマに俺の子？」と言い出し、認知をしませんでした。それでも彼女は出産することを選びました。このケースは『朝日新聞』（2020年10月18日付朝刊）の1面トップに取り上げられ、大きな反響を呼びました。大阪市西区の2児餓死事件のときは、若年出産はなぜか女性だけが批判をされていたのですが、コロナ禍の中でアップされたこの記事は、そういった批判がほとんどなく、「彼女を救いたい」という声が読者から一気に上がりました。私が彼女を訪問したとき、冷蔵庫の中は空っぽでしたが、新聞記事を見た方々が次々と物資を送ってくださり、彼女は子育てを楽しめるようになりました。

彼女も最初は役所に相談に行きました。親とは連絡が取れない状況だったので、役所に「助けてください。これから出産します」と相談をしました。未婚のひとり親には児童扶養手当が支給されるのですが、彼女が出産を決めた自治体では、申立書を提出する必要がありました。申立書には、なぜ未婚で出産するのかという理由を記載しなければならないのですが、その質問内容が非常にひどいものでした。「交際の頻度はどのくらいですか？」「同居の有無は？」「彼は何回宿泊していますか？」「生計の補助を彼から受けていますか？」などです。さらに、「出産に至った経緯を書いてください」と言われ、彼女が「どのように書けばいいですか？」と尋ねると、「結婚しないのになぜ子どもを産むのか、なぜ妊娠したのに彼と別れたのか、その理由を書いてください」と役所の人に言われました。命がけで子どもを産む決意をした女性ではなく、男性にこそ問うべきです。「なぜ避妊をしなかったのですか？　なぜ無責任に母子を遺棄するのですか？　養育費を払わない理由はなんですか？」と。妊娠は1人ではできないのに、どうして女性だけが全責任を負わなければいけないのでしょうか？私は行政にこの問題を提起し、改善を訴えましたが、結局「プライバシーに立ち入らざるを得ない場合がありますがご理解ください」という一文が書類に追加されただけでした。

妊娠後に男性と連絡がとれなくなったという相談が本当に多いので、性教育やデートＤＶについて、義務教育で学ぶ必要があります。義務教育で正しく教わる機会がないと、ネット情報などの間違った知識を信じてしまいます。

こんなケースもありました。成人式に出かけている間、彼氏が「早く帰ってこい」とＬＩＮＥをずっと送り続けてくるケースです。彼女は「ほら、愛されてるでしょ」と言っていましたが、愛ではなく、彼に自信がなく、彼女が魅力的だからほかの男性と話しているのではないかと疑っているだけです。結局、彼女は途中で切り上げて帰宅してしまいました。「これDVやで」と伝えても、当時の彼女には通じませんでした。しかし、半年後、「ユキさんがDVと言っていた理由がわかりました。彼から逃げたいです」と言って、わが家にやって来ました。2人とも、愛ではなくDVだということに気がついていなかったのです。愛し方を誤学習していたのです。お互いを束縛し、時には暴力で相手を支配していいと、勘違いしていたようです。本当の愛は、恐怖を感じることがありません。

もう一つのケースです。10代の女性が車好きのおじさんたちのSNSグループに参加していましたが、その中の1人のおじさんが彼女と付き合っていると勘違いし、必死に彼女に会おうとしました。彼女の家や会社にも現れ、何度も着信がありました。SNSにも「いいね！」を連投され、彼女は怖がって、「どうしよう。襲ってくるかもしれない。殺されたらどうしよう」と怯えていました。彼は付き合ってもいないのに、「おはよう」「今日も眠れなかった」といったメッセージを大量に送り続けていました。

DVのある環境で子どもが生まれた場合、子どもはその中で育ちます。今の日本で最も多い児童虐待は「心理的虐待」です。なかでも「面前DV」といって、パートナー同士の暴言や暴力、物に当たるなどの行為を子どもが目撃し、心が傷つくという虐待が最も多いです。

日本の未来を明るくしたい、子どもの未来を守りたいなら、家庭内の暴力をなくすことからです。

なぜ「子どもの貧困」が解消されないのだろう

私はいつも、「先に大人の問題を何とかしましょう」と言っています。子どもの貧困は、大人の貧困から始まります。子どもの貧困対策を10年以上行っても解消しない理由は、大人の賃金問題や労働問題が解決されていないからです。経済的な貧困は、心の貧困につながりやすいです。こども家庭庁ができる際に、内閣官房こども政策参与として関わっていたので、そのことを指摘し続けてきました。

こども家庭庁初代大臣に呼ばれた際に、私が運営する若者シェアハウスに住んでいた高校生が一緒にプレゼンをしてくれました。プレゼン内容は骨太で、国会でもそのまま使えるくらいのものでした。彼女のお母さんはひとり親で、ダブルワークをしています。新しいパートナーが家に来たのですが、ＤＶを行うようになりました。彼女が中学生のときに妹が生まれ、ヤングケアラーになりましたが、頑張って定時制高校に進学しました。

彼女が大臣に訴えたのは、ひとり親世帯や非課税世帯の基準額がおかしいのではないか、ということです。非課税の基準は年収約１００万円（自治体によって変わるのであくまで目安）なのですが、それ以上稼いでしまうと非課税ではなくなり、税金や社会保険料が増え、それらを支払うために仕事を増やす必要があります。彼女がアルバイトで稼いだお金は基準額を超えたため、母親の児童扶養手当が減額され、保育料が増え、さらに働かなければならなくなってしまいました。彼女は「子どもが働いたお金は、税金や世帯収入の心配をせずに、自分の将来のために使えるようにしてほしい」と訴えました。国は多くの支援や奨学金のメニューを作っていますが、それらの制度は複雑で、制度を理解している人しか恩恵を受けることができません。そして、制度に少しでもあてはまらなかったら、申し込むことすらできません。ですから、「配るお金をつくるのではなく、取り上げるお金（税金・社会保険料）を減らしてほしい」というのが彼女の訴えでした。

税金や社会保険料の具体例についてお話しします。私の娘は、31歳。国立大卒で、いわゆる大企業に勤務しています。2024年6月の給料が、額面29万2000円（働き方改革のため残業なし）で、税金や社会保険料が7万3500円引かれて、手取りは21万8500円です。毎年給料が上がっても、同じく税金や社会保険料が上がっているので手取りは増えません。この先も税金や社会保険料は上がっていくので収入アップは見込めません。多くの親御さんがお子さんに「勉強しなさい」と言い、少しでも偏差値の高い学校に進学することを望みますが、今の日本は、国立大学を出て大企業に勤務しても、自分1人の生活で精一杯の所得しか得られないのが現実です。大学の奨学金は2人に1人が借りていて、平均借入額は310万円です。借金を背負って社会に出ます。学歴があっても、社会は守ってくれません。学力をつけるだけでなく、学んだ知識をどう生かして、社会の一員として自立するかを教えることが大切です。

役所とつながりのない家庭とつながって

「失われた30年」と言われる経済の低迷、実質賃金の低下により、しんどい家庭はしんどいまま置き去りにされています。国に期待するよりも自分でやった方が早いので、私はフードパントリーも運営しています。企業や個人から集まった未利用の食品や日用品を必要とされている家庭に配る活動です。やっていて感じるのは、いわゆる貧困家庭だけが問題ではないということです。夫婦共働きの家庭では、子どもが1人で家で過ごしているケースもあります。「孤育て」が問題です。そういった家庭に地域の人が訪問し、「お米を持ってきましたよ」と声をかけるだけで、つながりができます。

「おつかれさまです。たびたび申し訳ありません。少しでいいので食べ物わけてもらえないでしょうか…」「無理なら全然いいです💦すみません💦」

この連絡をくれたママさんは、車を所有していて、子どもは地元の私立大学を目指しているので、一見困っているようには見えません。活動を通して、同じような家庭がコロナ禍で増えたと感じています。飲食業や観光業などが、大きなダメージを受けました。お子さんが私立に通っていても、お金がないからといっていきなり公立に転校させるわけにはいきませんし、部活、塾、習い事をやめて目指してきた夢を諦めさせるわけにもいきません。そのため、一見困っていないように見えても、親が食事を我慢している家庭もあります。

彼女は私がこういった活動をしていることを知っていたため、「助けて」と声をかけてくれましたが、高学歴・高収入のいわゆる「ハイスペック家庭」は「助けて」となかなか言い出せない傾向にあります。世間体を意識してしまい、自分の家庭が困っていることを他人に知られたくない人が多い印象です。私はもともと「ハイスペック家庭」で育ったため、私に「助けて」と言っても、偏見なく話を受け入れるので、相談しやすいのだと思います。

「ゆきさんへ　いつも助けてくれて、ありがとうございます。ぼくもがんばります」。お子さんから手紙をもらったことがありますが、本来これは子どもが頑張る話ではなく、大人が頑張るべき話です。

ある日、家に手紙が投函されていました。中学生からです。

「辻様へ　ちゃんと必ず返すので、もう一度だけお願いします。詳細の紙はまだもらってなくて、土曜日の日に最終でお金を持って行かなくて用意とかは、足りてるので○○円貸してほしいです。本当にめいわくかけてごめんなさい。お母さんに怒られるかくごで今日、言います。悩むより、行ってがんばりたいが先で、こんな、ぼくでごめんなさい。ちゃんと勉強もがんばります」。部活の夏合宿で、数万円が必要でした。彼の母親は非正規雇用のひとり親で、生活費を稼ぐだけで精一杯です。私は彼に「行っといで」とすぐにお金を渡しました。

政府の支援は、根本の解決につながっていません。たとえば、大阪府の「子ども食費支援事業」。大阪府のお子さんに5000円分の食料支援を1回行うのに約75億3000万円の税金が使われました。たった1回の食料支援で何が変わるの?と、感じます。お米やレトルト食品が送られてくるのですが、育ち盛りの子どもに本当に必要なのは現金です。レトルトではなく、成長に見合った量のお肉や野菜、果物が必要です。アレルギーのある子どももいますし、自分で選択できない支援は本当にダメだと思います。

『生きる』教育」が素晴らしいのは、学年ごとに発達段階に合わせたアクティブ・ラーニングを行うことにより、自分で考え、自分の力で、自分に必要なことを選択する力を身につけられることです。受動的な学習に慣れてしまうと大人が強要する「正解」を選んでしまい、自分の心が喜ぶ選択をすることが苦手になってしまいます。自分らしさを選べない人生は本当につらいものです。『生きる』教育」では気持ちの伝え方も学ぶので、「これが好き」「これを食べたい」「これをやりたい」、そんな日々の小さな願いを叶えることの積み重ねが、大きな未来を選ぶ力へとつながっていきます。子ども・若者の小さな願いを無力化する大人の対応は、社会的虐待だと私は考えています。

典型例があります。3姉妹のヤングケアラーの家庭のエピソードです。LINEでSOS

が届いたので家庭訪問をすると、食料支援によるレトルト食品以外、冷蔵庫には何も入っていませんでした。両親はおらず、18歳の長女がアルバイトを掛け持ちして、妹たちを支えていました。「妹たちには、気にせず毎日おなかいっぱい食べてほしいので、食料支援はめっちゃ助かります。ありがとうございます」。18歳は成人ですが、まだまだ育ち盛りです。将来子どもを産む選択をするかもしれない、10代の女性3人の家庭の冷蔵庫に、食料支援のレトルト食品しかないことに暗澹《あんたん》としました。それでも「ありがとう」と言わせてしまう社会に憤りを感じました。

これは感謝するべき話ではなく、怒る話です。食べることは、生きることです。アルバイトを掛け持ちしても、日々の食事すらままならない社会がおかしいのです。「ヤングケアラーと呼ばれる状態だから、何かあったらいつでもＬＩＮＥしてね」と伝えると、「ありがとうございます。まだまだ不安なことが多いのでそう言っていただくと、すごく助かります。ヤングケアラーについてですが、私はあまりわかりません。すみません」と、答えが返ってきました。この後、役所とつないで生活基盤を整えましたが、自分の置かれている状況や、助けてくれる社会資源を正しく知ることの大切さを思い知りました。「『生きる』教育」では、中学校3年生の「社会における『子どもの権利』」で、それらについて学びます。

「グリ下」の若者たちの声を聴く

さて、私は、いわゆる「グリ下」（道頓堀のグリコ看板下）と呼ばれる若者たちと関わることもあるのですが、コロナ禍では、認定NPO法人「D×P」が、「グリ下」にテントを張って活動をしていました。コロナの影響で非正規雇用の方々が真っ先に職を失ったので、頼れる保護者がいない若者は、食事すらままならない状況でした。そして、固定費が一番高い家賃が払えなくなると信用情報に傷がついてしまい、次の家を借りることができません。非正規雇用だと、あっという間にホームレス状態に陥ります。当時、「詰んだ」という状況の若者たちが「グリ下」に集まっていました。

若者たちに、「どういうことで困っていますか？」と聞くと、「ご飯がない」という声が多く、親を頼れない背景には、虐待、児童養護施設出身、ひとり親などがあります。「グリ下」周辺には、ホストクラブやキャバクラ、コンカフェ（コンセプトカフェ）がたくさんあります。コンカフェは、ホストクラブやキャバクラより一般的に料金が安く敷居が低いので、通っているうちに夜の街へのハードルが下がり、気がつけば、闇バイトや犯罪に巻き込まれ、時には性暴力被害に遭うこともあります。「知らなかった！」では済まされません。「後悔先に立たず」です。ただし気になるのが、学費のためにやむを得ず、夜の仕事をしている若者がいることです。奨学金を返済するために夜の仕事をするケースは珍しくないので、すべての若者がお金の心配をすることなく、自分の目指す道を歩めるようにすることは、私も含めた全大人の責任です。

若者から、「辻さん、死にたい」。こんなLINEがよく届きます。「いまからハロワ（ハローワーク）行こうと思うねんけど　仕事なさすぎて死ぬ(･ω･)」。職歴に空白の期間があると、なかなか就職が決まりません。人手不足だと言われているのに、若者が普通に働いて普通に暮らせる仕事がないことに憤りを感じます。働かないと生きていけないので、「最終パパ活しかないｗｗｗ」「パパ活しました」と報告がきます。社会は助けてくれないので、自分の身体を張ってお金に換える。切ない話です。「グリ下」近くにある「さくま診療所」でお話を伺ったところ、月間約200件の人工妊娠中絶を行っているそうです。性教育をしっかりと行わない限り、この状況は改善されないでしょう。

『「生きる」』教育」では、性教育も非常に大切にされています。人間の命は性から始まるので、性教育なしで人間を教育することは不可能だと私は思っています。性教育は究極の「『生きる』教育」です。人権教育も性教育がなければ成り立たないと考えています。なぜなら、性的な行為は密室で行われるので、だれの目もない状況で目の前の相手を大切にできるかどうかで、人権意識が本物かどうか試されるからです。そもそも「痴漢は犯罪です」と電車内にわざわざ書かなければならない国というのは、本当におかしいと思います。性教育がなければ人権教育は成り立ちません。

もし、夜の街で危険な状況にいる若者を、「うちにおいで」とかくまったとして、相手が未成年の場合だと、罪に問われるおそれがあります。親権者が「誘拐された」と警察に訴えるかもしれないからです。そのため、未成年者の安全・安心な夜の居場所を確保するためには、児童相談所を通す必要があります。しかし、児童相談所に相談をしても、受け入れ先がない場合もあり、DVや虐待のある家に帰らされてしまうケースもあります。そうなると、若者たちはSNSで「#泊めて」と訴えるしかなくなるのです。「家に帰りたくない」、そう思うことは、特別なだれかの話ではありません。

少年院で伝えていること

こうした社会課題が集まる場所が少年院だと、私は思っています。兵庫県にある加古川学園という少年院で定期的に少年たちと座談会をしているのですが、彼らだけではなく、彼らの親もまたしんどさを抱えている――そう感じるケースが多いです。

座談会では、『生きる』教育」における「子どもの権利条約」の実践をしています。「子どもの権利条約カード」の中から、彼らに関わるであろう10枚の権利カードをピックアップしてそれぞれに渡し、「どの権利を一番守られたい？」と質問をすると、「第32条 ひどい働き方をさせられない権利」（ユニセフ訳では「経済的搾取・有害な労働からの保護」）を選ぶ少年が多いです。話を聞いてみると一様に、少年院に入る前に不当な労働を強いられています。辞めたいと言ったら殴られる、給料は1日働いても数千円しかもらえないという状況です。少年院に入ってやっと仕事を辞めることができたという少年もいます。闇バイトに巻き込まれないためにも、労働契約、雇用契約、最低賃金、税金、社会保険料など、働く際に必要な最低限の知識をあらかじめ伝えておくことはとても重要です。

同時に、心の問題にも対処する必要があります。私は、「『生きる』教育」の小学校5年生の授業、「愛？　それとも支配？」の中で生み出された「ブラックハート」と「レッドハート」という言葉を使って少年たちに講座をしています。不幸になるつもりで生まれてくる人はいません。しかし、なぜか心がしんどくなって、モヤモヤして、他人にあたってしまうことがあります。そんな心の動きを、100円ショップで手に入る透明なコップとハート型の梱包材（ピンクとブルー）を使って説明しています。透明なコップは生まれたてのまっさらな心を、ピンクとブルーのハートはそれぞれ「レッドハート」と「ブラックハート」を表します。

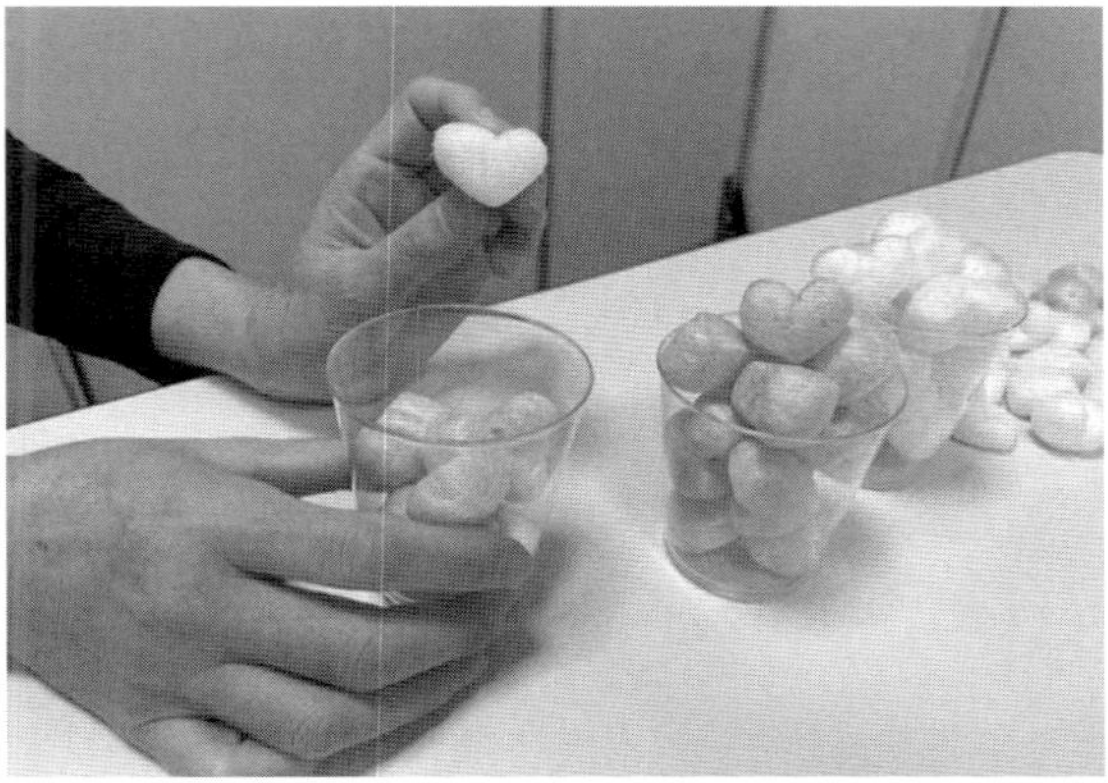
「レッドハート」と「ブラックハート」を視覚化して説明する

たとえば、生まれたての赤ちゃんに、「あーあ、女の子か。男の子がよかったのに」と思ってしまうと、赤ちゃんにその気持ちが伝わり、まっさらなカップの中に「ブラックハート」が入っていきます。「なんでウチの子、ほかの子みたいにちゃんとできへんのやろ」。親が子どもにマイナスな感情をもってしまうと子どもはしんどくなって、自信をなくしていきます。「どうせ自分は何をやってもうまくいかない」。心のコップに「ブラックハート」がたまっていきます。学校や仕事で人間関係にストレスを感じると、「ブラックハート」はさらにたまっていきます。「ブラックハート」が心のコップからあふれると、感情のコントロールが利かなくなり、周りの人にぶつけるようになります。言ってはいけないタイミングで感情をぶつけてしまいます。時には手が出ることもあります。「ブラックハート」が心のコップからあふれている者同士で感情をぶつけ合うと、事態はさらにこじれます。

怒っている人は困っている人です。「ブラックハート」は困りごとなので、困りごとを解決していくことが大切です。「つらかったね」「あなたには良いところいっぱいあるのにわかってもらえなくて悲しかったね」。だれかに感情を受容・共感・翻訳してもらいながら、一緒にどうしたらいいか考えていくと、「ブラックハート」が減っていきます。疲れて睡眠不足のときは「ブラックハート」がたまりやすいので、おいしいご飯をおなかいっぱい食べて休んでもらいます。一点注意が必要なのが、傾聴するのは良いことですが、他人の「ブラックハート」を受け取って自分の心にためないようにすることです。

「ブラックハート」を取り出して心が軽くなった後は、「レッドハート」であふれている人のところに行きます。心のコップから「レッドハート」があふれている人は、「がんばったね」「ありがとう」など、やさしい言動を与えてくれます。心のメカニズムを知っておくと人間関係で悩むことが少なくなるので、「『生きる』教育」は心の教育も大切にしています。

正しい知識は自分と他人の人生を守る

今回のテーマは「教育」ですが、学校だけでは子どもを支えきれない時代になりました。日々の生活の安定がないと、勉強に集中できないからです。貧困、虐待、DV、ヤングケアラーなど、家庭の事情はさまざまなので、福祉の視点がないと解決できない課題だらけです。教育と福祉では、役割が異なります。教育では「指導」（ある目的に向かって教え導くこと）や「公平」（判断・行動にあたり、いずれにもかたよらず、えこひいきしないこと）が求められます。しかし、福祉の視点では、「えこひいき」が当たり前です。人が生きていくうえで足りていないところにサポートを入れるのが福祉です。そして、生活の土台が安定したら、その人の強み（ストレングス）を、とことん伸ばしていきます。「エンパワメント」です。「エンパワメント」とは、「本来の権利や人格を保つために力を付与するという考え方に沿って、支援を行うこと」です。その人の持って生まれた能力を伸ばし、社会の中で生きていくための力に変えていくのは、教育の役割です。教育と福祉、どちらの視点も大切です。

そのことを知っていただくために、こども家庭庁発足時に、「『こども・若者』輝く未来実現会議」に所属する国会議員に生野南小学校に来てもらい、6年生の授業「世界中の子どもたちが笑顔になれる方法を考えよう」を見てもらいました。「子どもの権利」について総合的に考える授業です。まずは「子どもの権利」が守られていない状況はどんなときか、「子どもの権利条約カード」を使って班に分かれて考えてもらいます。ある子どもは、「妹の面倒を見すぎてチック症になった」と書きました。そして「『第28条　教育を受ける権利』が守られていない」と第28条のカードを選びました。これを聞いて「あっ、自分がヤングケアラーだったと気づいているんだ」と感動しました。正しい知識は人生を守ります。

次に、黒板にイラストを使った架空のジェノグラムを示し、みんなで解決方法を考えます。お母さんがお父さんからDVを受けていて、弟は虐待を受けている。自分は小学校でいじめに遭っていて、お姉ちゃんは中学生でおばあちゃんのお世話をしているヤングケアラー。「さあ、どうやったらこの家庭の課題が解決する？」、班ごとに職業カードのセットを配って考えます。驚いたのが、DVに対して「配偶者暴力相談支援センター」というカードを置いたグループがあったことです。また、お姉ちゃんのところにスクールカウンセラーを置いた子どもに対して、隣の子どもが「心の問題ちゃうやん。介護の問題やろ。ここはケアマネや」と指摘して、ケアマネと区役所のカードを置いたことです。聞けば、これらは授業で習ったそうです。自分には守られるべき権利があり、権利が侵害されたときはおかしいと言っていいこと、そして問題を解決するための社会資源があることを、正しく知っていることが本当に素晴らしいです。

教育の最終目標は「自立」だと言われますが、自立にはいくつかの側面があります。まず、衣食住など身の回りのことを自分でできる「身辺自立」、お金を稼ぐ「経済的自立」、仕事をしていく「職業的自立」、そして一番大切なのが「精神的自立」です。これは山梨県立大学特任教授の西澤哲先生から教わったことですが、精神的自立とは、社会と適切につながる力のことです。本当の自立とは、適度に自分のことが自分でできて、ある程度踏ん張るけれど、限界に達する前に適切に人に「助けて」と頼れることです。つまり、自分のメンタルと身体の限界を知って、心の声を聴けることです。これを専門用語で「受援力」と言います。

「受援力」はだれかにやり方を教わらないと身につきません。DVや暴力について学んでいないと、おかしいことに気づけず、「助けて」と言うことができません。助けてもらえる場所がどこにあるかをあらかじめ知っておくことも重要です。勉強とは、究極的には、なりたい自分になるためにするものです。正しい知識は、自分と他人の人生を守ります。正しい知識を得ることで、「咲顔（えがお）」が増えていきます。

人は何か問題が起こると、理由を知りたがります。私もそうですが、「なぜそうしたの?」「何がしたいの?」と、相手に言葉で説明を求めてしまいます。でも、本当にしんどいとき、人は言葉で説明できません。「大丈夫?」と聞かれれば、表情が暗くても、「大丈夫です」と返事をしてしまいます。私は子どもたちとの関わりの中で、無言の時間の大切さを学びました。無言にも、たくさんのメッセージがあります。

本当に嬉しいとき、人は、花が咲いたように顔がほころびます。まずは私たち大人が笑顔で、元気で、健康で、プライベートを楽しみ、周りにパワーを与えていきたいです。

「『生きる』教育」の実践は、大人にこそ必要です。大人が自分の権利に気づき、自分を大切にできるようになると、相手のことも大切にできるようになります。

いじめ、虐待、DV、ハラスメント——すべての社会課題は形を変えてつながっています。正しい知識と心があれば、断ち切ることができます。

「『生きる』教育」は、自分の住む世界を、やさしい世界に変えていくための教育です。やさしい世界を一緒につくっていきましょう。

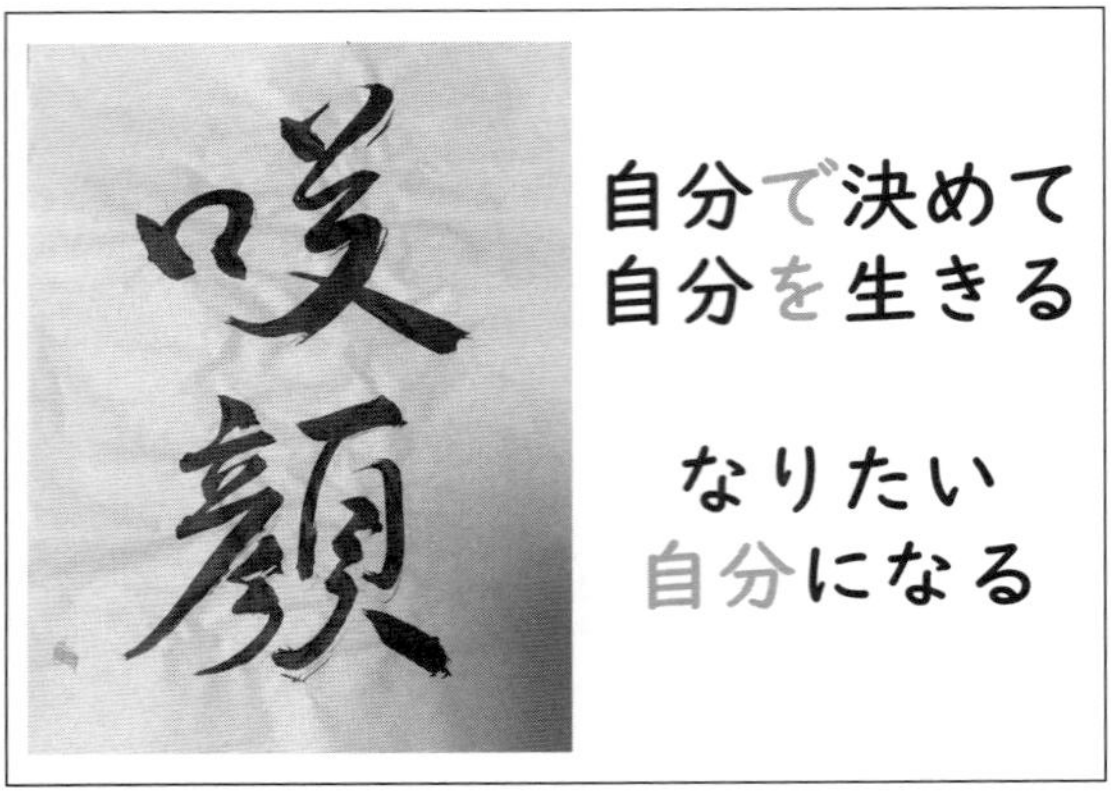

講演当日のスライドより

第 4 章

公教育における「『生きる』教育」の意義

京都大学大学院教育学研究科教授　西岡加名恵

1　日本の学校における「生きづらさ」？

文部科学省の調査に見られる状況

２０２４年10月31日、文部科学省は「令和５年度　児童生徒の問題行動・不登校等生徒指導上の諸課題に関する調査結果」[1]を公表した。そこには、次のような調査結果が報告されている（以下は同概要より一部を引用、数字には単位語を加えた）。

○小・中・高等学校及び特別支援学校におけるいじめの認知件数は73万２５６８件（前年度68万１９４８件）であり、前年度から５万６２０件（７・４％）増加。児童生徒１０００人当たりの認知件数は57・９件（前年度53・３件）。認知件数は新型コロナウイルス感染症の影響で令和２年度に一旦減少したが、その後３年連続増加し、過去最多となった。

○小・中・高等学校における暴力行為の発生件数は10万８９８７件（前年度９万５４２６件）であり、前年度から１万３５６１件（14・２％）増加。児童生徒１０００人当たりの発生件数は８・７件（前年度７・５件）。発生件数は新型コロナウイルス感染症の影響で令和２年度に一旦減少したが、その後３年連続増加し、過去最多となった。

○小・中学校における長期欠席者数は49万３４４０人（前年度46万６４８人）、高等学校における長期欠席者数は10万４８１４人（前年度12万２７７１人）となった。

○小・中学校における不登校児童生徒数は34万６４８２人（前年度29万９０４８人）であり、前年度から４万７４３４人（15・９％）増加した。11年連続増加し、過去最多となったものの、増加率は前年度と比較して若干低くなった（R４ 22・１％→R５ 15・９％）。

○小・中・高等学校から報告のあった自殺した児童生徒数は３９７人（前年度４１１人）であり、前年度から減少したものの、児童生徒の自殺が後を絶たないことは、引き続き、極めて憂慮すべき状況である。

「いじめ」や「暴力行為」の数字の上昇の中には、現実に増加したことを反映しているのではなく、「見取りの精緻化」などによって認知・把握される数が増えた部分も含まれていると考えられる。また、不登校児童生徒数の上昇に関しては、「義務教育の段階における普通教育に相当する教育の機会の確保等に関する法律」（２０１６年公布）の趣旨が浸透し、必要な休養をとったり学校以外の学びの場を獲得したりする子どもたちが増えたことを反映している側面もあるだろう。それでもなお、これらの数字を見ると、多くの子どもにとって学校が「安全・安心」な、真に居心地の良い場所とはなり得ていないのではないかという懸念を抱かざるをえない。

いくつかのエピソード

私自身、さまざまな学校現場に伺う中で、特に荒れてはいない、場合によっては社会経済的に恵まれた地域の、いわゆる「学力」の高い子どもたちの多い学校においても、子どもたちがふとした拍子に見せる言動に驚くことがある。たとえば、ある小学校では、授業ではよそ行きのきれいな言葉で話し合っていた子どもたちが、休憩時間になったとたんに「死ね」「殺す」などと気楽な感じで言い合っていて、びっくりしたことがある。「言葉」の学習が、日常生活の中で生きて働くものとはなっていないと思わざるをえない。

また、別の小学校では、休憩時間になると子どもたちが、床に転がってプロレスの寝技のようにじゃれ合っていた。どの子どもも笑っていたので、一見、ほほ笑ましくも見えたのだが、やや乱暴につかみかかられている方の子どもは本心では嫌ではないのだろうか、と心配になった。実際、その学校では、気弱そうな子どもたちは校長室に避難してきている様子だった。「いじめ」の重大事案において、時に「仲よく遊んでいるだけだと思っていた」といった先生方の言葉が報道されることがあるが、大人である私たちは、身近なところにある小さな暴力に、もっと敏感にならなくてはならないのかもしれない。

さらに別の中学校では、「どうすれば戦争を防げるのだろうか」について話し合っている授業で、「人間の本性からいって、人間は暴力を手放せない。したがって、戦争を防ぐことなど無理なのだ」といった発言をした生徒がいた。気になって、後に当校の先生に様子を尋ねたところ、その生徒はあるとき、校内でナイフを振り回し、問題になって転校していったとのことだった。「人間の知恵をもってすれば、暴力を手放せるのだ」ということを伝えられなかったという現実を突きつけられた。その生徒は、いったい、今、どのような心象風景の中で生きているのだろうかと思うと、いたたまれない心地になる。

もちろん、これらのエピソードは、私の限られた経験の中での特殊な事例なのかもしれない。しかしながら、先の調査結果と重ね合わせると、学校を子どもたちにとって「安全・安心」の場にする方策を本気で考えるべき時なのではないか、と思う。

どうすれば、学校は、子どもたちにとって「安全・安心」の場となるのだろうか。その一つの方策を指し示してくれているのが、本書で紹介している「『生きる』教育」である。

2 「『生きる』教育」誕生の経緯

「『生きる』教育」とは何か

ここであらためて「『生きる』教育」誕生の背景と経緯についてまとめておこう。「『生きる』教育」とは、子どもたちが直面する「人生の困難」を解決するために必要な知識を習得し、友だちと真剣に話し合うことで安全な価値観を育むことを目指す教育である。子どもたちにとって一番身近であり、心の傷に直結しやすいテーマをも授業の舞台にのせ、社会問題として捉えなおすとともに、授業の力で子どもたち相互にエンパワメントを生み出し、個のレジリエンスへつなげることが目指されている(2)。

「荒れ」の背後にあったトラウマの問題

「『生きる』教育」は、2016年、大阪市立生野南小学校（以下、生野南小）で生まれた。生野南小は、社会経済的に厳しい地域にあったことに加え、約1割の子どもたちが児童養護施設から通ってくるという学校だった。2011年当時は、トラウマを抱え、アタッチメント（愛着）の形成不全といった発達課題を抱えた子どもたちによる暴力・暴言など激しい「荒れ」に直面していた。

虐待によるトラウマについて研究されている西澤哲先生（山梨県立大学特任教授）は、虐待を受けた子どもたちには、次のような対人関係の特徴が現れると指摘している(3)。

① 虐待的人間関係の再現性：被虐待関係がトラウマになっている子どもの場合、「教師など親と同様な保護者的な立場で関わってくる大人に対して無意識のうちに挑発的な態度を示し、神経を逆なでするような言動で大人に強い怒りを覚えさせ、時には大人から暴力を引き出してしまう(4)」。

② 無差別的アタッチメント傾向：不適切な養育環境におかれ、アタッチメントが適切に形成されていない場合、「初対面の大人に対して誰彼なしになれなれしくベタベタと接する」といった振る舞いが見られる。[5] なお、アタッチメントとは、子どもが主たる養育者に対して形成する情緒的な結びつきを指す。子どもが、強い不安や恐怖などを感じた際に養育者等に接近・接触することをアタッチメント行動と呼び、こうした行動の結果、子どもは安心感を回復・維持するとされる。[6]

③ 支配—被支配を特徴とする対人関係：ＤＶや身体的虐待が生じるような「力がものをいう環境」に適応した結果、「自分よりも力が強いものに対しては追従的、迎合的となり、力が弱いものに対しては支配的、威圧的になる」という傾向を示す。[7]

さらに西澤先生は、虐待を受けた子どもたちには、「自己調整能力の形成」に障害が生じることが多い、と指摘している。「虐待経験によって子どもが自分の感情を抑圧する」ようになった結果、「否定的な感情や感覚を調整して安定化させるという能力」が適切に発達せず、「ほんの些細な刺激で激しい怒りを覚え、その怒りを爆発的に表現」してしまうといった事態が生じると述べている。[8]

生野南小学校における「学校づくり」の経緯

さて、激しい「荒れ」に対し、生野南小の先生方がまず取り組んだのは、一貫性のある生活指導と人権教育の充実だった。頻発する問題行動に対しては、一貫した対応を取る方針が明確にされた。長年、「荒れ」た中学校で勤めてきた木村幹彦先生（2011年度当時は教頭、後の校長）は、子どもたちの心の傷を増やさないような生活指導の進め方についての知見を教師たちに提供し、チーム学校として子どもたちの指導に取り組む体制が整えられていった。養護教諭の田中梓先生が、保健室から学校づくりを支えた。

また、子どもたちの関係を編み直すようにさまざまな文化的活動が取り組まれ、子どもたちの活躍の場がつくられていった。たとえば、小野太恵子先生は、学級経営にあたって、年間指導計画を見通しつつクラスの子どもたち一人ひとりの活躍の場をどこにつくるか、クラスの子どもと子どもの関係を深め、どう集団としての質を高めるかを考えた。まず、行事などの特別活動は、個々の子どもを育て、集団の活気とつながりを大きく高めるうえで大きな意味をもつ。音楽集会、運動会での応援合戦、学習発表会での演劇などでは、教師が妥協を認めず高い質のパフォーマンスを求める壁となることで、子どもたちは否が応でも対立を乗り越え、仲間同士の結束を高めざるを得なくなるのである。また、国語のディベートや体育のチーム戦でリーダーを担う、社会科係を担当する、図工で共同制作する掲示物をデザインするなど、さまざまな得意分野をもった子どもたちがそれぞれ活躍できる場をもつこと、さらには苦手なことにもチャレンジできる機会を提供することを目指されていた。

同時に、人権教育についても、外国人教育、平和教育、国際理解教育、障害者理解教育、

図 4-2-1　生野南小学校におけるカリキュラム改善の経緯

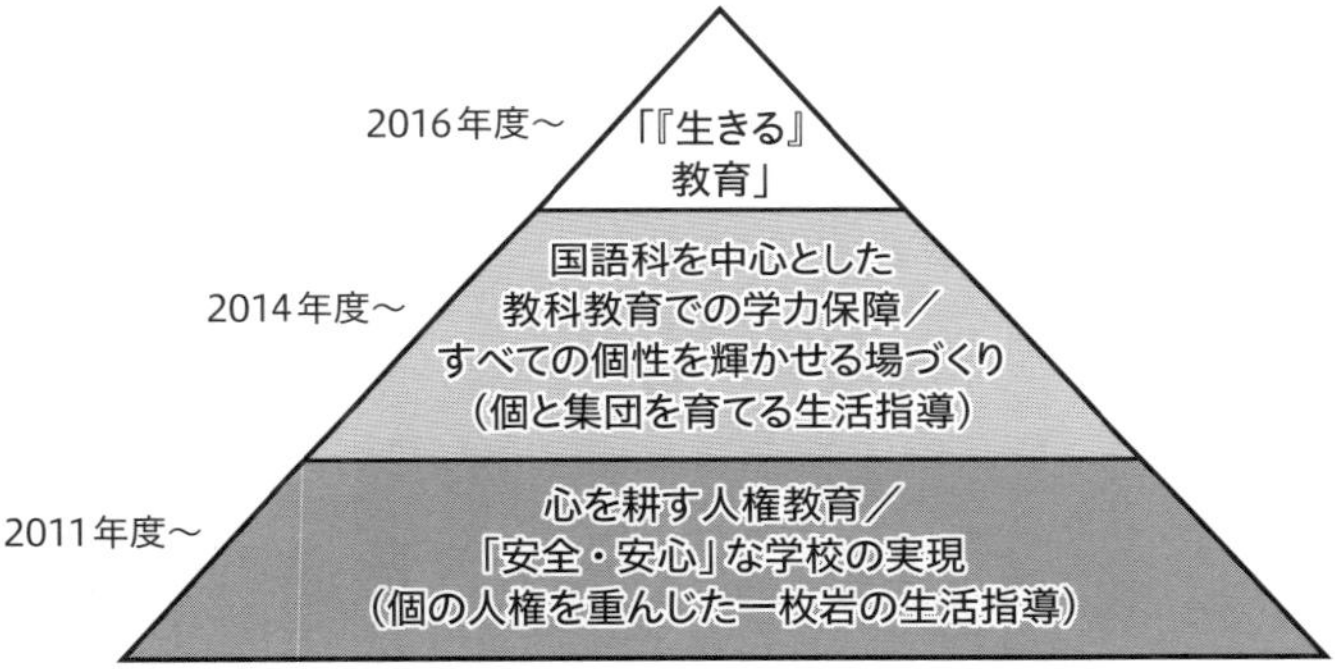

出典：小野太恵子・木村幹彦・西岡加名恵編著『子どもたちの「今」を輝かせる学校づくり』日本標準、2024年、14ページ。

同和教育、地域学習などの系統的な指導が行われた。「正しく知ること」「ちがいを認め合うこと」「段階を追った学習の上に差別の事実を知ること」「課題解決の視点をもつこと」を重視した取り組みを進め、子どもたちの「心を耕す」ことが目指された。2016年度には大阪市で長年、人権教育に取り組んでこられた別所美佐子先生が着任され、その内容も一層充実していった。

2014年度からは、「暴力」ではなく「言葉」でコミュニケーションができる力を子どもたちに育てること（「学力向上」）を目指し、国語科教育の授業研究が始まった。田村泰宏先生（大阪市立清水丘小学校校長・当時）の指導・助言を受けつつ、研究部長となった小野先生のリーダーシップのもと、各年度に各学年1つずつの教材で研究授業が行われた。先生方は、すべての子どもたちに充実した授業が提供できるよう、細やかな工夫の数々を凝らしていった。⑨

「『生きる』教育」の誕生と発展

以上のような取り組みを通して、子どもたちの「荒れ」は沈静化し、生活態度や学力など、さまざまな分野での向上が確認された。しかしながら、「自己肯定感」の向上が見られない子どもたちが2割～3割、存在し続けていることが課題として浮かび上がってきた。「あなたは自分のよいところを見つけることができますか」という問いに否定的に回答する子どもたちの多くには、「家族関係」や「生い立ち」の困難があったという。

そのような折、小野先生は、2016年夏の研修会で、子ども虐待を研究する西澤先生の講演と、虐待防止をめざしてシングルマザーへの支援などに取り組む社会福祉士の辻由起子先生の講演を、相次いで聞く機会を得た。

「西澤先生の講演によって、激しく荒れていた子どもたちが実際にどういう状態だったのかを知りました。また辻先生の講演によって、目の前の子どもたちを放っておけば、子どもたちがどのような生活を送らなくてはならなくなってしまうのかがわかりました」と小野先生は語っている。辻先生の講演が終わるや否や、「私たちにできることをしたいです」と小野先生が辻先生に声をかけ、そこから学校教育に何ができるかの議論が始まった。

こうして開発されたのが、「『生きる』教育」である。小野先生・別所先生・田中先生はじめ生野南小の先生方は、辻先生の知見に学びつつ、目の前の子どもたちの実態も踏まえて「『生きる』教育」で扱うテーマを選定した。文献を収集して読み込んだり、関連する専門分野の講師を招いたりして、教材研究に取り組んだ。各単元の目標が明確になったら、子どもたちが集中して学習に取り組めるような魅力的な学習活動を開発していった。

「『生きる』教育」が軌道にのってくると、新しく着任された先生方には、4月の時点でそれまでの学校の取り組みを伝える体制が整えられた。春休みには前年度までの研究紀要が手渡され、夏休みには研究部長による研修会も行われて、「『生きる』教育」と国語教育の2本柱で研究を進めるという学校の方針が伝えられた。夏休みから秋の公開授業にかけての指導案検討では、前年度までの指導案を継承しつつも、各学年を担当する一人ひとりの先生の願いを織り込み、事前に模擬授業まで行って、指導案が練り直されていった。

2018年度には養護教諭の田中先生が、子どもたちが進学する田島中学校（以下、田島中）に異動され、「『生きる』教育」は、中学校でも「性・生教育」として実践されるようになった。心の寂しさや不安を抱えた中学生たちは、自分の内面に向かって攻撃しているかのように、自傷行為や何かへの依存といった形で表現していたという。当時の校長の藤本睦子先生、ならびに紙原大輔先生や西村建一郎先生といった理解者を得て、小野先生・別所先生とも協同しつつ、中学生のための「『生きる』教育」プログラム（「性・生教育」）が開発されていった。

3　田島南小中一貫校における「『生きる』教育」

２０２２年度に、生野南小学校・田島小学校・田島中学校が統合され、田島南小中一貫校（正式名称は、大阪市立田島南小学校・田島中学校）となったのちも、「『生きる』教育」は継承され、発展し続けている。校長である塩見貴志先生（２０２２年度）・今垣清彦先生（２０２３年度〜）の理解と支援のもと、引き続き、小野先生・別所先生・田中先生が中心となって、新たに着任された先生方にも生野南小・田島中で蓄積されてきた実践の知見が共有され、指導案が更新されるとともに、毎年秋には公開授業・公開研修会が開催されている。

図4-3-1に示したのは、２０２３年度に田島南小中一貫校で実践された「『生きる』教育」のプログラムである。２０２４年度もほぼ同じプログラムが提供された。第1章のルポで授業の様子が詳述されているが、以下では再度、各単元について簡単にまとめておこう。

田島南小学校における「『生きる』教育」

まず、小学校の「『生きる』教育」は、大きく「虐待予防教育」と「ライフストーリーワークの視点を取り入れた治療的教育」から構成されている（なお、以下で紹介する写真は生野南小

図 4-3-1　「『生きる』教育」のプログラム（2023年度）

性・生教育

【中3】・社会における「子どもの権利」
・社会の中の「親」と「子」――子ども虐待の事例から

【中2】・リアルデートDV――支配と依存のメカニズム
・思春期における情報モラル教育――誹謗中傷を考える

【中1】・脳と心と体とわたし――思春期のトラウマとアタッチメント

【小1・5・6】
虐待予防教育

・家庭について考えよう
――結婚・子育て・親子関係（小6）
・愛？ それとも支配？
――パートナーシップの視点から／
スマホについて考えよう（小5）

【小4】考えよう みんなの凸凹
――あつまれ！ たしなんの星

・たいせつな こころと体
――プライベートゾーン（小1）

【小2・3・4】
ライフストーリーワークの視点を
取り入れた教育――治療的教育

・10歳のハローワーク
――LSWの視点から（小4）
・子どもの権利条約って知ってる？（小3）
・みんなむかしは赤ちゃんだった（小2）

出典：今垣清彦・小野太恵子ほか編、大阪市立田島南小中一貫校著『「『生きる』教育」全学習指導案集』日本標準、2024年、8ページ。

でのものである）。

「虐待予防教育」として、まず小学校1年生の単元「たいせつな こころと体――プライベートゾーン」では、自分の体や心を大切にする方法を教える。「安全」・「安心」・「清潔」とはどのような状態なのかを、男の子と女の子の絵（服が整っていなかったり、けがをしていたり、棒を持っていたりする）を見ながら検討する。次に、「プライベートゾーン」（水着で隠れる体の部分）は、「見ない」「見せない」「さわらない」「さわらせない」という「お約束」を学ぶ。さらに、「プライベートゾーンのお約束」が

図4-3-2　「距離リボン」を作る

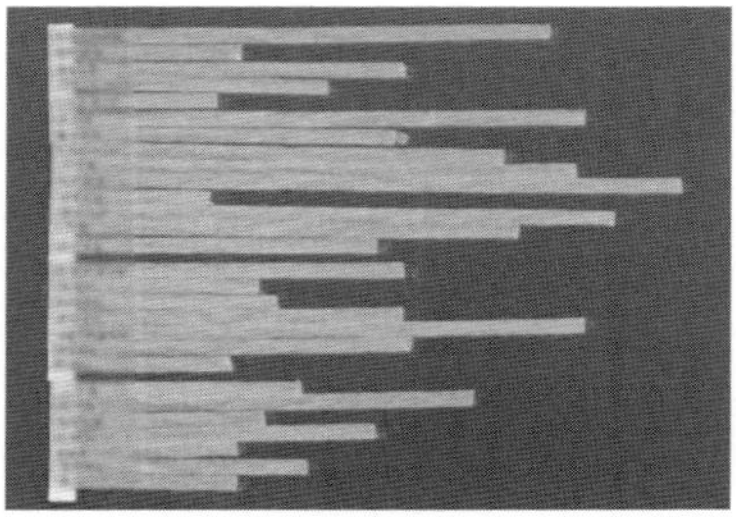

出典：小野太恵子・木村幹彦ほか編『「『生きる』教育」――自己肯定感を育み、自分と相手を大切にする方法を学ぶ』日本標準、2022年、75ページ。

守られていない場合を見極めるワークに取り組み、困ったときに相談できる人や場所を確認する。単元を通して、「あなたたちは大切な存在なのだ」というメッセージが伝えられている。

2年生から4年生にかけては、「ライフストーリーワークの視点を取り入れた教育――治療的教育」に取り組む。「ライフストーリーワーク」とは、「子どもの日々の生活やさまざまな思いに光を当て、自分は自分であっていいということを確かめること、自分の生い立ちや家族との関係を整理し（空白を埋め、輪郭をつかむ）、過去―現在―未来をつなぎ、前向きに生きていけるよう支援する取り組み」である[10]。

まず2年生の単元「みんなむかしは赤ちゃんだった」では、安心できる距離感はどれくらいの長さなのかを、お互いにリボンで測りながら体験的に学ぶ（図4-3-2）。また、「赤ちゃん」が誕生して育つまでの経緯についても学ぶ。もし今、親と一緒に暮らしていなかったとしても、今、生きているということは、それまでにたくさんの「抱っこ」があったことを知るのである。

3年生の単元「子どもの権利条約って知ってる？」では、さまざまな事例の検討を通して、

図4-3-3　事例を検討する

出典：小野・木村ほか、前掲書、90ページ。

図4-3-4　「面接」で対話する

出典：小野・木村ほか、前掲書、63ページ。

子どもの権利が守られている場合と守られていない場合を見極める目が養われる。権利が守られていない場合には、自分たちでできる解決策に取り組むとともに、自分たちだけでは解決できない場合に大人に助けを求めることが大切だということも伝えられる。必要な時には助けを求める「受援力」が重視されているのである（図4-3-3）。

4年生の単元「10歳のハローワーク――LSWの視点から」では、まず仕事調べをして「履歴書」を書き、子ども同士一対一で「面接」をする。「面接」の中では、お悩み相談にものってもらえる（図4-3-4）。続いて、自分の「未来予想図」を描き、理想の未来のために「ほしい力」は何か、どうすれば身につけられるかについて考える。そのうえで、自分の「過去」を振り返り、「10年後の自分へ」手紙を書く。虐待を受けている子どもたちは、時に「過去」についての記憶が空白だったり途切れ途切れだったりするために、アイデンティティ形成に困難をきたす。「過去」を振り返るワークは、特に虐待を受けてきた子どもたちに

図4-3-5　どうすればうまくサッカーができるか話し合う

出典：小野・木村ほか、前掲書、122ページ。

トラウマのフラッシュバックをも起こしうる危惧があるため細心の注意が必要であり、先生方は時に一対一での対応をされている。しかしながら、学校において「信頼できる仲間や教師との語り合いを経ることで『過去』を整理できた子どもたちは、きまって晴れ晴れとした表情へと一変する」と小野先生は述べている。(11)

4年生では、単元「考えよう　みんなの凸凹——あつまれ！　たしなんの星」（障害者理解教育）も実践されている。ADHD（注意欠如多動症）、ASD（自閉スペクトラム症）、反応性アタッチメント障害、発達性トラウマ障害の特徴のあるキャラクターと、どのようにすれば楽しく一緒にスポーツ大会ができるか、知恵を絞るという授業である（図4-3-5）。子どもたちは困難に出合ったときの原因や解決方法を「環境調整」と「人とのつながり」という視点から考える。宇宙人とのスポーツ大会というファンタジーを取り入れた授業は、4年生の子どもたちに大好評である。

5年生では、再び「虐待予防教育」へと戻り、単元「愛？　それとも支配？──パートナーシップの視点から」が取り組まれる。まず、グループで、恋愛関係にある架空のパートナーを考案し、理想のデートプランを作る。ところが、数年後、そのパートナーたちのハッピーな関係が、束縛・干渉・依存の形に変化してしまっている、という状態を提示する。デートDVの様子を具体的なやり取りの事例で示し、「愛」なのか「支配」なのかについて検討する。5年生で「恋愛」を扱うのは、実際に「恋愛」してからデートDVを扱うのでは遅いという判断があるためだ。特に、逆境体験のある子どもたちの場合、お互いを尊重する関係の築き方がわからないために、交際が始まると同時に「支配・依存」の関係に陥ってしまう例が少なくないという。さらに5年生では、スマートフォンの便利さとリスクについて学ぶ単元「スマホについて考えよう」も実践されている。

6年生では、単元「家庭について考えよう──結婚・子育て・親子関係」が実践されている。まず、「結婚」について、諸外国の制度や日本での歴史を学び、現行の「法律」での規定を知る。「夫婦円満」の秘訣は何かについても議論する。続いて、子どもたちは育児体験をして、子育ての大変さと喜びに触れる。さらに、将来の自分の理想の「間取り」を考えることで、未来のイメージを膨らませる。一方で、大切な人からの暴力や暴言は深刻な心の傷（トラウマ）になることを学び、その治療法も検討する。この授業には、「人でできた傷は、人でしか癒されない」という西澤先生の言葉の奥深さを12歳なりに味わってほしいという、先生方の願いが込められている。

田島中学校における「性・生教育」

中学校の「性・生教育」では、法的・科学的な視点が取り入れられ、被害者も加害者も生み出さない授業にすることを目指して、より社会性を含んだ内容が扱われている。1年生（小中一貫校の7年生）では、日常生活を振り返って、思春期の素晴らしさとストレスについて考える。続いて、「トラウマ」や「うつ病」のメカニズムを学ぶとともに、ストレスへの対処方法を考える。

2年生（同8年生）の単元「リアルデートDV——支配と依存のメカニズム」では、恋愛における支配と依存について検討する。さまざまなDVの事象について、「身体的暴力」「精神的暴力」「社会的暴力」「経済的暴力」に分類するワークに取り組む。またデートDVについては、「イライラ期」「バクハツ期」「ラブラブ期」のサイクルを繰り返すために「依存」から抜け出しにくいことを学び、よいパートナーシップを築くためのルールを考える。

2023年度には、2年生に、新たに「思春期における情報モラル教育——誹謗中傷を考える」の単元が加わった。2023年7月に、タレントのryuchell（りゅうちぇる）さんが亡くなった件を受けて、先生方の中にSNS上で人を傷つけることの深刻さを子どもたちに伝えておかなくてはならないという思いが強まったからだ。新単元の開発にあたっては、最新のSNS事情に詳しい若手教員からベテラン教員が学ぶといった形で教材研究が進められた。

義務教育の締めくくり、3年生（同9年生）では、「『生きる』教育」の出発点にあった「子ども虐待」の事例に迫っていく。虐待の定義を知るとともに、助けてくれる法律、相談機関、福祉制度を学ぶ。また、実際に子育ての困難に直面する親の立場にも立ってみる。最後に、虐待を防ぐためにどうすればよいかについて、子どもたち一人ひとりが考える。単元「社会における『子どもの権利』」では、再度、「子どもの権利」について学ぶが、今度は「子どもの権利」を守る大人の立場から検討する。さまざまな職業カードを吟味しつつ、ヤングケアラーの子どもを助ける支援体制をどうすれば整えられるかを構想する。

4 「『生きる』教育」の特長と留意点——「授業の力」を信じる！

「『生きる』教育」の特長とメッセージ

このような「『生きる』教育」には、次のような特長が見られる。

第一に、徹底した教材研究に基づいて、「知識」を提供することが重視されている。つまり、道徳心や心構えではなく、「認識」へのアプローチが採られている。単元開発にあたって、先生方は、法学、医学、心理学、福祉学などさまざまな専門的知見を学んでおられる。これにより、子どもたち個々人が直面している問題を、決して「個人」の問題にとどまらない「社会問題」として位置づけることが可能になっている。

第二に、個々の単元の目標が明確に設定されたうえで、効果的な指導方法が編み出されている。専門的な知識を伝える場合にも、子どもたちが理解できるような言葉に「翻訳」が行われ、多彩な視覚資料を織り込んだパワーポイントで説明されたり、カードを見分ける、優先順位をつける、分類するといった「ハンズオン、マインドオン（手を動かし、頭を使う）」のアクティビティが取り入れられたりしている。なお、子どもたちの了承が得られる範囲で具体的な事例が授業の中で扱われる場合もあるが、その場合も複数の事例を組み合わせるなどの加工がほどこされることにより、プライバシーが守られている。

第三に、価値観については、仲間たちの多彩な声に触れることで学んでいくものとなっている。どんな発言でも受け入れられる温かい雰囲気において、それぞれの子どもが意見を述べ合う中では、時には、それぞれの「当たり前」が問い直される。だからこそ友だちとともに学ぶ意義がある、と小野先生は語っている。

「『生きる』教育」の9年間のカリキュラムを見ると、大事なメッセージは繰り返し伝えられていることがわかる。

まず、他者と適切な距離を取ることが教えられている。小学校1年生では、「プライベートゾーン」を学ぶとともに、「よいタッチ」「わるいタッチ」について考える。2年生では、自分にとって相手と「ちょうどよい距離」をリボンを使って測り、快適な距離が一人ひとり違うことに気づくとともに、教室で保つべき「適切な距離」について学ぶ。5年生の「愛？それとも支配？」、ならびに中学校2年生（小中一貫校の8年生）の「リアルデートDV」の単元では、恋愛において「支配・依存」の関係が生じてしまいがちな現実を知り、お互いにとって幸せな関係のつくり方について考える。

「子どもの権利」についても繰り返し扱われるとともに、困ったときに助けを求める「受援力」を身につけさせることが目指されている。小学校1年生では、子どもたちに対して「あなたたちが大切な存在だからこそ、あなたたちを助けてくれる人や場所がたくさんあるんだよ」ということが伝えられている。児童養護施設（田島童園）についても、悪い子どもたちが「捨てられた」場所ではなく、大切な子どもたちを「守る」場所なのだと説明される。3年生では、「子どもの権利条約」について丁寧に説明されるとともに、「子どもの権利」が守られていない事例について子どもたち自身が検討し、どうすればよいのかを考える。さらに、自分たちで解決しきれない場合にはだれに助けを求めればよいのかも説明される。3年生で「権利」をしっかり学ぶことは、4年生のライフストーリーワークに取り組む基盤ともなる。自分たちの権利を学ぶことで、子どもたちは、子どもの権利を守る大人としての意識も身につけていく。

さらに、自分自身の幸せな未来をつくっていくことについても、繰り返し扱われている。小学校4年生の「10歳のハローワーク」では、今の自分を知り、これから10年の計画を立て、「ほしい力」をどうすれば身につけられるか考える。6年生「家庭について考えよう」では、「生活にかかるお金」について検討するとともに、「住みたい家の間取り」について構想する。中学校3年生（小中一貫校の9年生）では親の視点から「子育て」について考える。

子どもたちにとって、自分の幸せな未来を思い描くことは、必ずしも簡単なことではない。特にトラウマを抱えた子どもたちの場合、フラッシュバックが起こって自分のコントロールを失ってしまうこともある。虐待を受けた子どもたちは、過去の記憶が途切れ途切れになっていて整理されないがために、逆に過去にとらわれてしまう事態も生じるという。だからこそ、トラウマについても、小学校4年生「考えよう　みんなの凸凹」、6年生「家庭について考えよう」、中学校1年生（小中一貫校の7年生）「脳と心と体とわたし」の単元で、繰り返し学んでいくのである。

実践上の留意点

「『生きる』教育」のプログラムの中には、実践にあたって、かなりの注意を要するものも含まれている。まず、子どもたちに「受援力」を身につけさせる以上、いざ子どもたちから「助けて!!」と言われたら、それを受け止める力量を教師たちは身につけておく必要がある。

『生きる』教育」に取り組む先生方は、「子どもたちから『助けて!!』と言われるような教師集団であり続けるということを、常日ごろ、考えています」と語っている。

では、子どもから、「自分は親から虐待されている」と打ち明けられたとしたら、教師としてどう対応できるのだろうか。木村幹彦先生に「そういう場合はどうされるのですか?」と尋ねたところ、「親と話します。責めるのではなく、『子育てはどうですか?』と悩みの相談にのりつつ、子どもに対する暴力は、子どもの脳にダメージを与えるのだという科学的な知見を伝えます。一方で、学校が落ち着き、子どもの振る舞いもよくなってくると、子育てについての親の悩みも減るので、学校を信頼してもらえて、取り組みも応援してもらえるようになります」とのことだった。実際、子育てというのは、親にとって大変な「しごと」である。経済的な困難を抱えつつ孤独に子育てに取り組んでいれば、虐待してしまったとしても無理はない、と一人の親としては感じずにはいられない。生野南小の先生方の親への関わり方は、子育てに悩む親を支えるものともなっているといえよう。

ライフストーリーワークに取り組む際には、児童養護施設とも緊密な連携が図られている。直視するのも辛い過去と向き合うことで、なかには不安定になってしまう子どももいる。だからこそ、温かく支えてくださる先生方や友だちのいる「安全・安心」な環境の中で、自分の現在を確認し、未来を構想したうえで、過去と向き合うという学習が行われている。

トラウマを抱える子どもたちがトラウマと向き合うとき、そのストレスから腹痛などの身体症状やフラッシュバックなどの精神的混乱など、さまざまな「トラウマ反応」を起こす可能性がある。(12) したがって、ライフストーリーワークに取り組む先生方にも、当初は迷いがあったという。しかし、西澤先生と相談する中で、「トラウマで苦しむなら、安全な環境で開く方がよい」との知見を得た。また、田島童園の当時の施設長である下川隆士先生も、同様の意見だった。そこで、毎年、田島童園とも綿密な打ち合わせを行ったうえで、ライフストーリーワークが取り組まれている。

実践にあたって、子どもたちにどれくらい自他の権利を尊重する意識が育っているかなどレディネス（準備状況）に留意が必要な単元もある。小学校4年生「考えよう みんなの凸凹」（障害者理解教育）については、子どもたちの差別意識を顕在化させる危惧もあるため特に注意が必要である。もし子どもたちがお互いの発達特性を笑いものにするような状況だったとしたら、この単元の実施は見送った方がよいだろう。

5　なぜ今、「『生きる』教育」なのか

最後に、なぜ今、「『生きる』教育」が求められるのかについて、改めて考えておこう。私

図 4-5-1　児童相談所における虐待相談対応件数とその推移

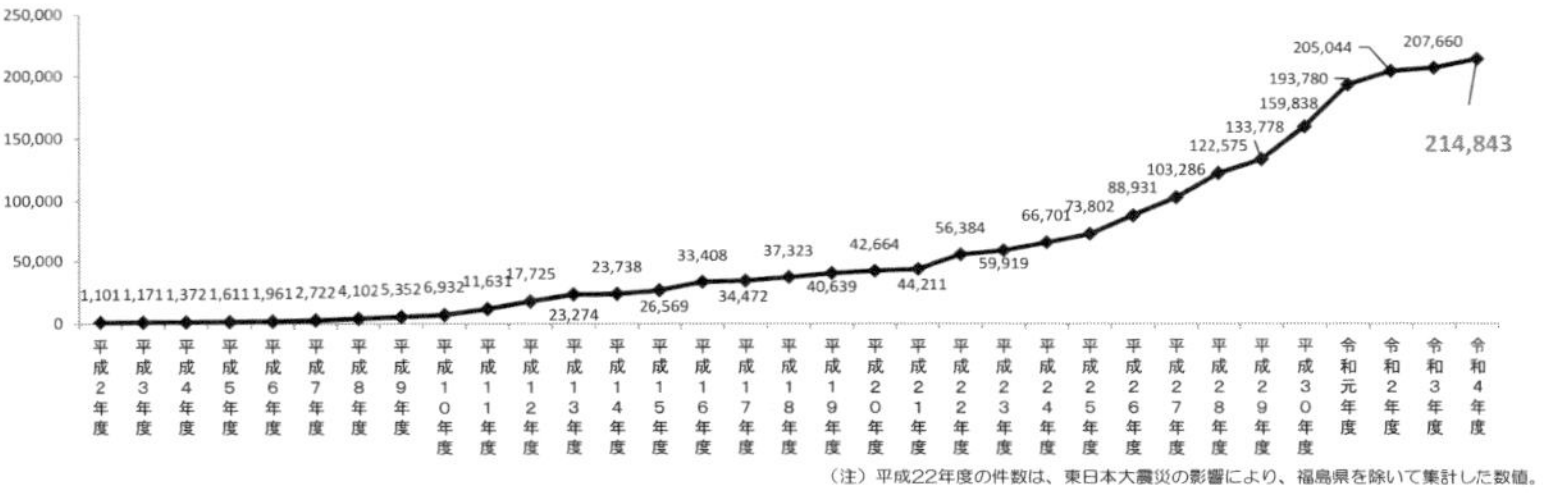

（注）平成22年度の件数は、東日本大震災の影響により、福島県を除いて集計した数値。

出典：こども家庭庁「令和４年度児童虐待相談対応件数（令和６年９月24日公表）」
https://www.cfa.go.jp/policies/jidougyakutai/

自身は、次の２つの観点から、「『生きる』教育」が重要だと考えている。

虐待の世代間連鎖を防ぐ

第一に、虐待の世代間連鎖を防ぐという観点である。

こども家庭庁のサイトに公開されている統計調査のデータ[13]によれば、現在の日本において、虐待による死亡事例は年間50件を超えている。つまり、１週間に１人の子どもが虐待によって死亡しているのである。その背後には死亡に至らないまでも、虐待に苦しんでいる子どもたちがたくさんいることだろう。**図4-5-1**のように児童相談所における虐待相談対応件数は増え続け20万件を超えているのに対し、家庭から分離されて児童養護施設などに養育委託される子どもの数は約４万２０００人にとどまっている。[14]つまり、生野南小のように地域に児童養護施設がなかったとしても、目の前の、親元で暮らしている子どもたちの中に虐待を受けたりネグレクト環境に置かれたりしている子どもがいる可能性が大いにある。『生きる』教育」のプログラムの中には、それ自体が虐待をフィルタリングする機能をもっているものもある。たとえば、小学校1年生の「よいタッチ、悪いタッチ」の授業は、カナダ赤十字で用いられていたケアキット(c.a.r.e.kit)プログラム(性虐待の被害にあった子どもへの心理的治療教育)を踏まえている。小学校2年生では、子どもたち同士で快適な距離をリボンで測る授業が行われている。極端に長い、あるいは短い距離を選んだ子どもたちについては、アタッチメントの形成に問題が生じていないか注意することとなる。「子どもの権利」について学ぶと、子どもたち自身から「親に殴られる」といった悩み相談が寄せられる場合もある。「DV」を学んだ子どもが、母親に向かって「お母さんが受けているのはモラハラだ」と指摘したことがきっかけとなって、母親が父親の暴力から救われた、という例もあったそうだ。大きな事件が起きてから後追いで対策に追われるのではなく、問題が小さなうちに状況を把握し、必要な支援につなげていくうえで、学校には大きな可能性があるのだ。

「『生きる』教育」の一部は、保護者参観日に実践されている。このことは、親教育の側面ももっているといえよう。私自身、授業を見学しながら、一人の親として、「子どもの前で夫婦喧嘩をすることは、精神的虐待に該当するから控えなくては……」と反省させられた場面もあった。娘と友だちのLINEでのやり取りについても、知りたい気持ちをぐっとこらえて、プライバシー尊重に努めている。

西澤先生が、国際子ども虐待防止学会（ISPCAN）で会長を務めていたリチャード・クルーグマン（R. Krugman）氏に虐待の世代間連鎖を防ぐ方途を尋ねたところ、「虐待を受けている子どもたちを早期に保護して適切な養育環境や心理的なケアを提供し、社会が一丸となって彼らが子どもを虐待しない親に育つ仕組みを作ることだ」と答えられたそうだ。[15] 子ども期の逆境体験（Adverse Childhood Experience）は、その後の人生での病気・低学歴・失業・貧困・孤立などのさまざまな困難につながり、その影響が次世代に及ぶ可能性があることも、大規模調査によって明らかになってきている。[16] 子どもたちへの支援は、次の時代の私たちの幸せにつながるといえよう。

「学校づくり」の基盤となる

第二の観点として、「『生きる』教育」は、本章の冒頭で述べた通り、「安全・安心」な学校づくりの基盤ともなると考えられる。まず、「子どもの権利」について教えることは、教師自身にとっても「子どもの権利」を深く学ぶ機会となる。学校全体で「子どもの権利」を守るという理念が共有されることは、時に事件として報道されるような、教師による子どもたちへの不適切な関わりの抑止力ともなるだろう。

さらに、トラウマやアタッチメントについて学ぶことで、子どもの「荒れ」の背後にある状況に思いを寄せ、より適切な関わりができるよう、教師も育っていく。現在は田島南小で若手教師の育成に取り組んでいる小野先生が、『先生なんか大嫌いだ！』と暴れる子どもに、若手の先生が『それでも俺はおまえが大好きだ！』って言っていたんですよ」と嬉しそうに話してくださったことがある。そのように子どもと関われる力量を身につけているかどうかは、若手教師がその後、教師を続けられるかどうかをも左右することだろう。

「『生きる』教育」を受けることで、子どもたち自身も、「安全・安心」な学校づくりに参画していくことになる。たとえば、小学校3年生の単元「子どもの権利条約って知ってる？」では、身近な学校生活の中で生じる友だち同士のトラブルの事例についても検討し、どうしたらよいかを考える。自分でできるアドバイスをしたり、周りの先生や親に助けを求めたりするとよい、といった考えが、子どもたちからも出てくる。小学校6年生の単元「家庭について考えよう」では、トラウマを抱えた子どもが身近にいた場合、「人とのつながりをもってして傷を癒すことができることを視覚化するワーク」（「つながりマップ」づくり）に取り組む。これは、心に深刻な傷を抱えた「赤」さん、少し傷を抱えた「黄色」さん、心に傷を抱えていない「緑」さん、超ハイテンションな「青」さんの間で、どのような人間関係をつくるとよさそうかを考えるというワークである。一番傷ついている「赤」さんに「黄色」さんと「緑」さんが寄り添い、「青」さんには距離を取ってもらうとよさそう、といった関係性のつくり方を子どもたち自身が考える。

実際、「『生きる』教育」を受けた子どもたちの間には、温かくお互いを支え合う力が育っている。たとえば、2020年度の別所先生の教室では、4年生の子どもたちが一対一で取り組む「面接」の場面で、次のような対話が行われていた[17](子どもの名前は仮名)。

ハルト「最近困っていることはありませんか?」
ケンタ「最近困っていることは、友だち関係に困っています。仲良くなりたいけど、ついついいらんことを言ってしまって困っています」
ハルト「そっかぁ。[考え込む] まあそうやなぁ。その相手が嫌がることをなんとか言わんくすればいいけど、それがなかなかできへんの?」
ケンタ「そうそう」
ハルト「結論なぁ。どうする? [考え込みつつ] ん〜、どうしたらええんやろうなぁ。つい言ってしまうんやろ?」
ケンタはうなずく。不安そうに身体をゆすっている。
ハルト「なんか気をつけていかんと」

この会話の後、ハルトさんは「友だちへのせっし方を工夫すればよいんじゃないですか」というアドバイスを書いた付箋紙をケンタさんに贈った。悩みを打ち明けたケンタさんは、取材者のインタビューに答えて、「秘密のことを初めて言うからどきどきした」「聞いてもらって」気持ちがすっきりした」「あおりを止められるようになりたい」と語っている。横で聞いていたハルトさんは「ケンタくんやさしいからなれる」と励まし、ケンタさんは「うれしい」と言って、ハルトさんから受け取った付箋紙を真剣に見つめていた。

このとき、ケンタさんは、実は両親の離婚により不安定な状況にあった。自分でもやめたいのに、つい友だちの神経を逆なでするようなことを言ってしまっては友だちから反発される、ということを繰り返して悩んでいたのである。自分の内面にある悩みにしっかりと向き合っているケンタさん、またその悩みを真剣に受け止め一生懸命励ましているハルトさんの姿に驚いた。「やんちゃざかりの小学校4年生の、それも男の子同士で、こんなにしっとりとした会話ができるなんて——いったい、この学校はどのように子どもたちを育てているのだろうか?!」と思ったのが、私自身が生野南小の実践に魅了されたきっかけである。

6 南市岡小学校における展開

「学校づくり」が先か、「『生きる』教育」が先か

生野南小において「『生きる』教育」は、学校の「荒れ」が収まった後に開発された。「『生

図 4-6-1　木村幹彦先生による「学校づくり」の構想

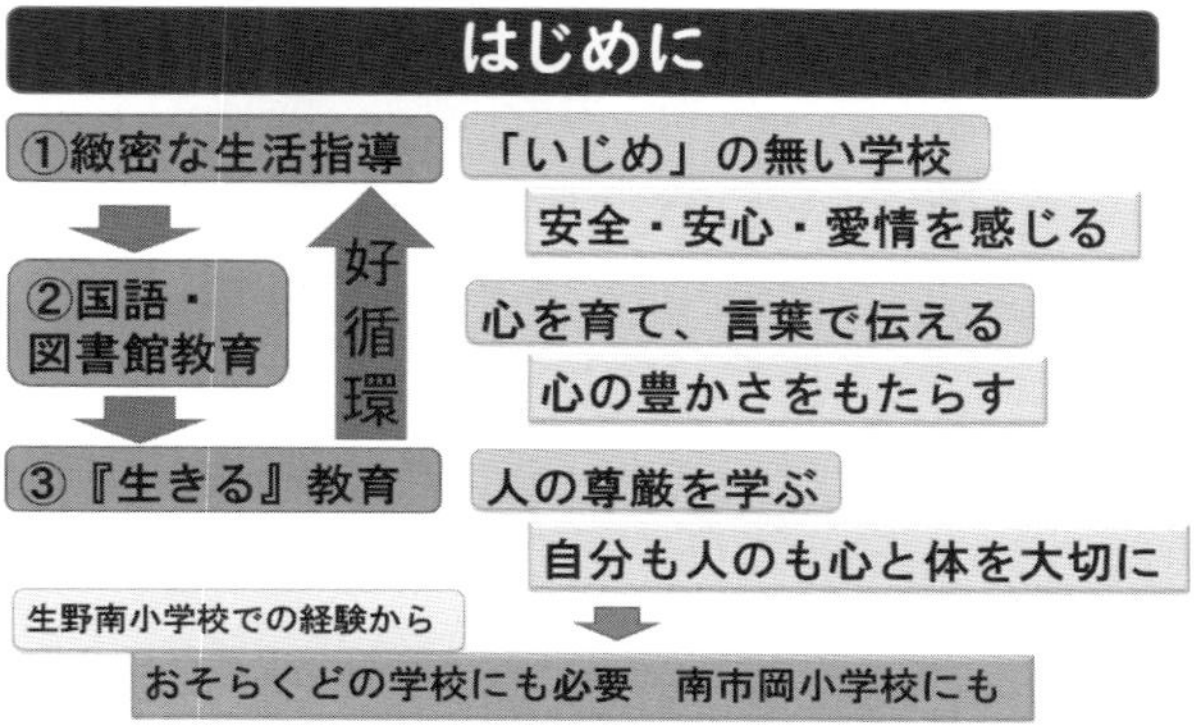
はじめに
①緻密な生活指導
②国語・
図書館教育
③『生きる』教育
好
循
環
「いじめ」の無い学校
安全・安心・愛情を感じる
心を育て、言葉で伝える
心の豊かさをもたらす
人の尊厳を学ぶ
自分も人のも心と体を大切に
生野南小学校での経験から
おそらくどの学校にも必要　南市岡小学校にも

出典：南市岡小学校の公開授業・公開研修会（2024年9月18日）における木村幹彦先生の「研究報告」スライドより。

きる』教育」のプログラムの中には、子どもたちの中に友だち同士の信頼関係が育っていなければ実践できないような、センシティブな内容も含まれている。「『生きる』教育」の内容が子どもたちに説得力をもって伝わるためには、子どもたちの権利がしっかりと尊重されている「学校づくり」が基盤となっている必要がある。

しかし一方で、ある程度、落ち着いた学校であれば、「『生きる』教育」自体が、学校づくりの基盤となる可能性もある。そのことを教えてくださったのが、第2章4で報告されている南市岡小学校（以下、南市岡小）の先生方の取り組みである。

２０２２年度、南市岡小に校長として着任された木村幹彦先生は、一人、新たな「学校づくり」に着手された。**図4-6-1**には、南市岡小で木村先生が取り組まれた「学校づくり」の構想が示されている。ここには、生活指導、国語・図書館教育、『生きる』教育」を「学校づくり」の3つの柱として位置づけ、好循環を生み出すことによって、「いじめ」のない学校、言葉で伝える力が育つ学校、子どもたちが自分や他者の心と体を大切にすることを学ぶ学校にしていくことを目指すという考え方が示されている。

緻密な生活指導

南市岡小は、大きな「荒れ」のない、ごく普通の公立小学校だったが、それでも「からかいや冷やかし」「きつい言葉での言い合い」「人の体をたたく、さわる」といった場面が散見される状態だった。そこで木村先生は、どんな小さな「暴力・暴言」でも学校で許されてはならないというメッセージを、教職員会議や全校集会で伝えていった。最初は、友だちへの軽い身体接触について注意された子どもの保護者が、「なんでこんな細かいことで、うちの子どもが注意されないといけないんだ」と苦情を言ってこられた例もあったそうだ。

しかしながら、徐々に、学校の中の小さな「暴力・暴言」は減りつつある。本書の木村先生の報告を見ると、『生きる』教育」の理念が学校の中で徹底されることにより、教師・子ども・保護者の間で共通理解が図られていっている様子がうかがわれる。

国語・図書館教育の充実

南市岡小では、国語・図書館教育の充実にも力を入れている。前校長の在職時からの「クリティカルリーディング」を引き続き研究テーマとして掲げ、前出の田村先生の指導・助言も受けつつ、2020年度から2023年度までは説明文、2024年度からは物語文の読みの指導に関する研究が行われている。「クリティカルリーディング」とは、テキストについてさまざまな観点で評価しながら能動的に読むことを指す。

2024年9月18日の公開授業・公開研修会において、研究部長の中林真理子先生は、「物語文を読み進めながら、中心人物の心情を読み取ったり想像したりする」「その心情に至るまでの経緯を、中心人物を取り巻く環境などを、一歩引いたところから、視点を変えながら、論理的に考え読む」ことによって、「子どもたちが、起きた出来事について、一方的な思い込みや、瞬間的に目の前の出来事に反応せず、視点を変えてものごとを落ち着いてみる力につながる」と解説した。また、「登場人物は、どんな気持ちだったのか、文章から想像し、書く活動を行う」「物語を全体的にとらえ、登場人物の思いや心の声を考え、想像しながら、書いていく」ことで、「友だちの、表情や言葉の奥にある気持ちをじっくり考える場として、心内語を考える力になる。相手の立場になって考え、表現する力は、円滑なコミュニケーションのためにとても大切」だと述べた（当日の「研究報告」スライドより）。

このような「ことば」の力は、「『生きる』教育」を実践するうえでの基盤となる。そもそも「わかる授業」を提供され、学力を保障されることは、子どもたちの権利である。その権利が保障されない学校では、『生きる』教育」の説得力も欠けてしまうことだろう。同時に、緻密な生活指導や「『生きる』教育」で学校が「安全・安心」の場となることは、子どもたちにとって思考・判断したことを表現するうえでの基盤となるともいえよう。

南市岡小では、また、学校図書館主任の山下啓子先生と主幹学校司書の辻智恵子先生を中心に、図書館教育の充実も図られている。まず、情報活用力を養い、主体的に学ぶ子どもたちへと育てることが目指されている。読み聞かせなど「物語」に触れる機会を増やして「思いやる力」を育てたり、蔵書を充実させ授業の支援を行ったり、図書館を「発表の場」として活用したり、アナログ資料とデジタル資料の活用が推進されたりしている。同時に、図書館を安全な居場所として提供することも目指されている。「週4日の図書館開放で、主幹学校司書が身近な先生の一人として、悩み事や困り事などをキャッチできる環境に」という山下先生の説明は、学校をあげて子どもたちを守っていくという方針が浸透していることを感じさせるものだった（同「研究報告」スライドより）。

「『生きる』教育」の導入と展開

「『生きる』教育」についても、南市岡小ならではの展開が生まれている。

まず、2022年度は、「自分が全部の授業をやってもいい」という覚悟で木村先生が先生方の説得に当たられた。「いじめ」の芽（学校の中にある小さな「暴力」や「暴言」）を見過ごさないためには、自分や相手の心や体を大切にすることを教える「『生きる』教育」が大切である、と説明されたのだ。その結果、荻野養護教諭や中林先生など、ほかにも実践してもよいと申し出てくださった先生方もおられて、全学年で「『生きる』教育」の授業が行われた。2022年度は、生野南小で開発された指導案を踏まえつつ、教具も借りてきて、まずは実践してみるという状態だった。その中でも、南市岡小の子どもたちに学ばせたい内容は何なのかについて、先生方の間で議論がなされた。

2023年度には、南市岡小の先生方が目の前の子どもたちのニーズや先生方自身の願いを込めて指導案を書き、公開授業・公開研修会が開催された。2年目になって、カリキュラムの系統性が見直され、各学年でより体系だったプログラムが提供されている。生野南小では5年生で実践されていた「デートDV」の単元が6年生に移されるとともに、5年生では南市岡小独自のプログラムとして「アサーション・トレーニング」が加えられている（本書189ページ参照）。なお、「アサーション」とは、「自分のことをまず考えるが他者にも配慮する」ようなコミュニケーションの取り方を指す。[18] 子どもや保護者たちからも、実践の価値を認める感想が寄せられている。

「『生きる』教育」は、子どもたちの幸せな成長・発達を願う先生方の思いを込めて実践されてきた。そのような「『生きる』教育」の〝魂〟が、南市岡小にも継承され、発展し始めているのである。

7　公教育の役割とは何か

２０２４年11月現在、文部科学省では、次の学習指導要領改訂に向けた議論が始まりつつある。「今後の教育課程、学習指導及び学習評価の在り方に関する有識者検討会」の「論点整理」（２０２４年9月18日）では、「学校の本質的な役割」について、次のように論じられている。

○学校の本質的な役割の再認識

・新型コロナウイルス感染症拡大の防止のための臨時休業や様々な接触防止の対策等を経る中、学力の保障のみならず、全人的な発達・成長を保障するという役割、他者と安全・安心につながることができる居場所・セーフティネットとしての福祉的役割など、学校が持つ様々な役割が改めて実感を伴って理解された。

・学校は、学年・学級という生活を共にする集団の中で、多様な他者に出会い、共感や軋轢の中で自己を知り、高めるとともに、他者とどのように共存するかという、社会を形成していく上で不可欠な人間同士のリアルな関係づくりを子供たち相互の関係で学ぶ貴重な場となっ

ている。

・このような多様な背景を持つ児童生徒が学ぶ場所としての学校の役割は、包摂的で、他者への信頼に基づく民主的・公正な社会を実現していく基盤として一層重要となっており、社会の分断や格差を防ぎ、持続可能な社会の創り手を育てる観点からも更なる充実が必要。この点について考える際、教育基本法、学校教育法等の教育関係法規に加え、令和5年度から施行されていることども基本法の趣旨・内容も踏まえることが重要。

集団の中で生活していれば、人々の間にさまざまな軋轢が生まれることは当然だ。しかしながら、だからこそ私たちは、どのように軋轢を乗り越えていけばよいのか、そもそも無用な軋轢を増やさないためにはどのような関係を築いていけばよいのかについて学んでいく必要がある。そのような学びを保障する学校は、まさしく「包摂的で、他者への信頼に基づく民主的・公正な社会を実現していく基盤」となる。「『生きる』教育」は、そのような学校本来の役割と可能性を体現しているものといえるだろう。

(1) 文部科学省『令和5年度　児童生徒の問題行動・不登校等生徒指導上の諸課題に関する調査結果』https://www.mext.go.jp/a_menu/shotou/seitoshidou/1302902.htm

(2) 小野太恵子「『「生きる」教育』とは何か――子どもたちの幸せを願って」西澤哲・西岡加名恵監修、小野太恵子・木村幹彦・塩見貴志編『「『生きる』教育」――自己肯定感を育み、自分と相手を大切にする方法を学ぶ』日本標準、2022年、12ページ参照。

(3) 西澤哲「虐待の連鎖を断ち切るために教育現場ができること」同右書、172―175ページ。

(4) 同右書、172ページ。

(5) 同右書、173ページ。

(6) 西澤哲先生から筆者へのメールより（2024年12月19日）。

(7) 西澤、前掲書、173ページ。

(8) 同右書、174ページ。

(9) 小野太恵子・木村幹彦・西岡加名恵編著『子どもたちの「今」を輝かせる学校づくり――トラウマ・インフォームド・エデュケーション』日本標準、2024年参照。

(10) 才村眞理・徳永祥子「ライフストーリーワークの説明」才村眞理・大阪ライフストーリー研究会編『今から学ぼう！　ライフストーリーワーク』福村出版、2016年、8ページ。

(11) 小野、前掲(2)、13ページ。

(12) 文部科学省「在外教育施設安全対策資料【心のケア編】」「第2章　心のケア　各論」https://www.mext.go.jp/a_menu/shotou/clarinet/002/003/010/005.htm

(13) こども家庭庁「統計調査」https://www.cfa.go.jp/resources/research

(14) こども家庭庁支援局家庭福祉課「資料集『社会的養育の推進に向けて（令和6年11月）』」https://www.cfa.go.jp/policies/shakaiteki-yougo

(15) 西澤、前掲書、170ページ。

(16) 三谷はるよ『ACEサバイバー――子ども期の逆境に苦しむ人々』筑摩書房、2023年参照。

(17) 「〝生きる教育〟で心はぐくむ――大阪・生野南小学校　4か月の記録」『かんさい熱視線』NHK、2021年2月5日放送。小野・木村・西岡、前掲書、10ページ。

(18) 平木典子『アサーション・トレーニング（三訂版）』日本・精神技術研究所、2021年、19ページ。

おわりに――子どもたちの幸せを願って

「『「生きる」教育』を広げる活動に、私は次の10年間をかけようと思っています」――2023年9月に開催された田島南小中一貫校の公開研究会で、私はこう宣言しました。

経済的な格差が広がり、「自己責任」といった冷たい言葉が流布する中で、現在の日本には、「私たちの力で社会を良くしていくことなどできない」「見捨てられたら終わりだ」といった閉塞感が広がっているように思います。自分の中にいろいろなつらさがたまり切ってしまっているために、自分よりも弱い者に隙を見つけたら容赦ない「攻撃」をぶつける――いじめ、ハラスメント、差別、虐待、暴力、それらに耐えかねての自殺といった問題の背後には、そんな風潮があると感じます。

「そのような社会の問題に対し、学校教育に何ができるのだろうか」と自問していたころ、新聞やテレビで生野南小学校の実践を知りました。実際に見学した授業において子どもたちが互いを支え合う姿に、「これは本物だ！」と希望の光を見いだした心地になりました。

この実践をぜひとも本にまとめ、記録に残さなくては……と考えてご相談したところ、日本標準の郷田栄樹さんはじめ、たくさんの方々のご協力を得て、『生野南小学校教育実践シリーズ』（全4巻）を刊行することができました。次は、このシリーズに収録された『「生きる」

教育」を実践してくださる方を増やすような研修を提供していきたい……と考えていたところ、2024年7月に三井住友銀行・日本総研・京都大学の三者が連携するSMBC京大スタジオが創設され、共同事業「貧困・格差・虐待の連鎖を乗り越える教育アプローチの研究開発と普及」を立ち上げることができました。この共同事業には京都大学大学院教育学研究科教育実践コラボレーション・センターとして長期的に取り組み、E.FORUMで研修会などを実施していく予定です。ぜひ、ご注目いただければ幸いです。

『生野南小学校教育実践シリーズ』は主に学校の先生方を対象とした書籍でしたが、郷田さんとは、次は一般の方々向けの本を出したいと相談していました。朝日新聞の大久保真紀さんが田島南小中一貫校のルポを執筆してくださり、本書の企画が固まりました。

子どもたちの幸せとより良い社会の実現を願う人々の環が、着々と広がっていくことを感じています。もとより学校に、社会問題のすべてを解決する力はありません。でも、『生きる』教育」を知った私たち一人ひとりが自分の生き方を変え、少しずつでもできることを重ねていけば、もっと生きやすい社会ができるのかもしれない——本書を手にとってくださったみなさまに、そんな希望を共有していただければ……と願っています。

2025年2月

京都大学大学院教育学研究科教授　西岡加名恵

執筆者一覧（執筆順、＊は編者）

大久保真紀（おおくぼ まき）＊
朝日新聞編集委員［はじめに／第１章］

今垣清彦（いまがき きよひこ）＊
大阪市立田島南小学校・田島中学校（田島南小中一貫校）校長［はじめに］

小野太恵子（おの たえこ）
大阪市立田島南小学校指導教諭［第２章1］

別所美佐子（べっしょ みさこ）
大阪市立田島南小学校主務教諭［第２章2］

田中 梓（たなか あずさ）
大阪市立田島中学校指導養護教諭［第２章3］

木村幹彦（きむら みきひこ）＊
大阪市立南市岡小学校校長［第２章4］

辻 由起子（つじ ゆきこ）
社会福祉士、大阪府子ども家庭サポーター、こども家庭庁参与［第３章］

西岡加名恵（にしおか かなえ）＊
京都大学大学院教育学研究科教授［第４章／おわりに］

（2025年2月現在）

［掲載写真］p.23、p.42、p.67、p.82：提供 朝日新聞社

［編著者紹介］

大久保真紀（おおくぼ まき）　朝日新聞編集委員

記者として、中国残留邦人や虐待を受けた子ども、性暴力被害者など、「声なき声」に耳を傾ける取材を重ねている。2021年度日本記者クラブ賞受賞。著書に、『ルポ 児童相談所』（朝日新聞出版）、『児童養護施設の子どもたち』（高文研）など多数。

西岡加名恵（にしおか かなえ）　京都大学大学院教育学研究科教授

さまざまな学校と共同し、カリキュラム改善やパフォーマンス評価などの研究開発を行っている。著書に、『教科と総合学習のカリキュラム設計』（図書文化）、『「逆向き設計」実践ガイドブック』、『生野南小学校教育実践シリーズ』（共に共編著、日本標準）など多数。

今垣清彦（いまがき きよひこ）　大阪市立田島南小学校・田島中学校校長

2022年開校の田島南小中一貫校副校長を経て2023年から校長。日々、教職員とともに「『生きる』教育」のブラッシュアップに取り組んでいる。著書に、『生野南小学校教育実践シリーズ第4巻「『生きる』教育」全学習指導案集』（共編著、日本標準）。

木村幹彦（きむら みきひこ）　大阪市立南市岡小学校校長

生野南小学校教頭、校長の経験を基に、南市岡小学校版「『生きる』教育」を進めている。著書に、『生野南小学校教育実践シリーズ第1巻「『生きる』教育」』、『同第2巻 心を育てる国語科教育』、『同第3巻 子どもたちの「今」を輝かせる学校づくり』（共編著、日本標準）。

「『生きる』教育」で変わる未来
学校を子どもたちの「心の安全基地」に

2025年3月31日　第1刷発行

編著者――――大久保真紀／西岡加名恵／今垣清彦／木村幹彦
発行者――――河野晋三
発行所――――株式会社 日本標準
〒350-1221　埼玉県日高市下大谷沢91-5
電話　04-2935-4671
FAX　050-3737-8750
URL　https://www.nippon-hyojun.co.jp/
印刷・製本――株式会社 リーブルテック

ISBN 978-4-8208-0765-0